[英] 马修·布伦南 著
(MATTHEW BRENNAN)

刘勇军 译

字节跳动

从0到1的秘密

ATTENTION FACTORY:
THE STORY OF TIKTOK
AND
CHINA'S BYTEDANCE

湖南文艺出版社
HUNAN LITERATURE AND ART PUBLISHING HOUSE

博集天卷
CS-BOOKY

ATTENTION FACTORY: THE STORY OF TIKTOK AND CHINA'S BYTEDANCE by MATTHEW BRENNAN
Copyright: © 2020 BY MATTHEW BRENNAN
This edition arranged with MATTHEW BRENNAN
through BIG APPLE AGENCY, INC., LABUAN, MALAYSIA.
Simplified Chinese edition copyright:
2021 China South Booky Culture Media Co., Ltd
All rights reserved.

著作权合同登记号：图字 18-2021-89

图书在版编目（CIP）数据

字节跳动：从 0 到 1 的秘密 /（英）马修·布伦南（Matthew Brennan）著；刘勇军译 . -- 长沙：湖南文艺出版社，2021.7（2022.2 重印）
　书名原文：ATTENTION FACTORY
　ISBN 978-7-5726-0203-0

　Ⅰ.①字… Ⅱ.①马… ②刘… Ⅲ.①网络公司—企业管理—经验—中国 Ⅳ.① F492.6

中国版本图书馆 CIP 数据核字（2021）第 095018 号

上架建议：经济管理

ZIJIE TIAODONG: CONG 0 DAO 1 DE MIMI
字节跳动：从 0 到 1 的秘密

作　　者：［英］马修·布伦南（Matthew Brennan）
译　　者：刘勇军
出 版 人：曾赛丰
责任编辑：匡杨乐
监　　制：邢越超
策划编辑：李齐章
特约编辑：尹　晶
版权支持：辛　艳　姚珊珊
营销支持：张艾茵　文刀刀　周　茜
版式设计：李　洁
封面设计：主语设计
内文排版：百朗文化
出　　版：湖南文艺出版社
　　　　　（长沙市雨花区东二环一段 508 号　邮编：410014）
网　　址：www.hnwy.net
印　　刷：三河市中晟雅豪印务有限公司
经　　销：新华书店
开　　本：880mm × 1270mm　1/16
字　　数：240 千字
印　　张：18
版　　次：2021 年 7 月第 1 版
印　　次：2022 年 2 月第 2 次印刷
书　　号：ISBN 978-7-5726-0203-0
定　　价：58.00 元

若有质量问题，请致电质量监督电话：010-59096394
团购电话：010-59320018

CONTENTS

目录

前　言　001

PART ONE
第一部分　后端算法推荐

序　言　利用守门人　003

如何利用 TikTok 算法　006

第一章　张一鸣　011

不起眼的大学生涯　014

开始工作　018

中国的推特网　022

张一鸣成为企业 CEO　023

移动应用时代来临　025

第二章　字节跳动创业之初　029

海纳亚洲创投基金　032

锦秋家园　033

字节跳动，是一家舞蹈培训机构吗？　035

搞笑囧图　036

今日头条　041

技术与成功有什么关系？　043

俄罗斯伸出援手（通过旧金山） 047

新办公楼 051

第三章 YouTube 和 TikTok 的"推荐"页面 053

时间回到 2010 年，YouTube 面临困境 055

变革的起点 057

故事从一张车票开始 059

人工筛选——门户网站，雅虎，美国在线 061

搜索引擎——强意向 062

订阅——电子邮件和 RSS（简易信息聚合） 062

社交网络——分散 063

信息推荐——今日头条和抖音 064

互联网信息传播 066

为什么 RSS 注定失败——张一鸣的文章 067

世界格局 069

中国市场迎来成熟时机 070

第四章 在中国，是信息在阅读你 073

推荐 078

成长黑客——中国风格 082

也该赚钱了 086

TMD，互联网行业新巨头？ 091

视频，新的领域 093

PART TWO
第二部分　**前端全屏短视频**

第五章　从巴黎到上海——Musical.ly　097

朱骏，@bullshitting　103

Musical.ly 诞生　105

创意挑战　109

对口型视频应用 Dubsmash　112

《对口型假唱大赛》——转折点出现　114

"不要评判我"挑战　115

阿里尔　117

打造 Musical.ly 式眼球经济　119

比 Snapchat（色拉布）还年轻　120

分析：从画笔到画布　122

飞轮不会飞　127

最后，再来看看 Mindie　128

第六章　Awesome.me　131

三管齐下策略　135

了不起的年轻人　137

A.me　138

解决方法：像对待皇室成员一样对待他们　141

漫长的冷启动期：是否该放弃？　142

重新设计　143

"构建社区"：抖音之道　145

我不够酷，用不了这个　146

人们为张一鸣疯狂　148

突破　150

火爆的变装段子"karma is a bitch"　152

下一场红包雨　153

抖音的成功之道是什么？　155

抖音摇钱树　161

同行在苦苦挣扎：腾讯　162

微视 2.0：对抗抖音行动　165

问题到底出在哪里？　166

巨大的威胁　168

第七章　凭借 TikTok 走向全球　171

新身份：TikTok　175

日本　176

产品全球化，内容本地化　180

Musical.ly 回家　182

Musical.ly 很难盈利　185

抖音收入　185

是否该卖掉？　188

张一鸣收购成功　190

第八章　太尴尬了!!!　193

恢复 Musical.ly !　197

TikTok 尴尬合集　200

这些 TikTok 广告真烦人！　203

名人开始表示支持　207

《老城之路》　208

段子的影响力　210

苦苦挣扎的竞争对手　213

TikTok 的护城河在哪里？　217

打造 TikTok 美国　220

尾　声　225

资　源　227

字节跳动的重要 App　227

字节跳动的关键人物　228

高层管理人员（2020 年中期）　228

字节跳动公司结构（概述）　229

字节跳动技术体系（概览）　229

字节技术体系—基础架构　230

字节跳动全球员工数（估算数字，印度下架相关 App 前）　230

字节跳动接受过的投资　231

本书中提到的中国城市　231

字节跳动总部所在地，北京西北部　232

人　物　233

字节跳动旗下应用程序　239

参考文献　245

免责声明　267

感　谢　271

关于作者　273

PREFACE

前 言

　　TikTok 和抖音，是那种你听过一次就会忘记的应用程序。这两款应用程序大器晚成，以前没什么名气，注定只会昙花一现，便在互联网上无人问津，最后被人毫不犹豫地关闭。在中国快节奏、竞争激烈的互联网行业，抖音很有可能像之前的数千款应用程序一样，得到被抛弃和遗忘的境遇。

　　但出乎所有人意料的是，抖音和 TikTok 获得了难以想象的成功。这两款应用程序双双风靡全球，甚至超出了其创始团队最疯狂的设想。那么，它们是如何成功的呢？

　　2017 年年末，我亲眼看到抖音在中国火爆，见证了它对我身边的人产生的巨大影响。人们开始在等地铁的时候看短视频，在街上拍短视频。朋友们在一起，讨论他们最喜欢的抖音红人，很快，新的名人出现了；歌曲在一夜之间走红，而这些都要归功于抖音。18 个月后，随着人们对 TikTok 的兴趣达到历史最高点，全球各地都出现了类似的情况。

　　写这本书的 9 个月是一段奇怪的旅程。我可以告诉你，通过 2018 年的私人谈话可知，字节跳动的员工非常清楚，作为一家在美国和其他西方市场运营的中国公司，他们要面对不断升级的政治风险。即便如此，我认为也没人能想象到事情的发展竟会如此戏剧化。

有一点大多数人都意识到了，最近，围绕这家公司进行的讨论开始包含很大的政治色彩。有关 TikTok 卷入的地缘政治竞争和"技术冷战"的文章、热点评论和深度剖析已经有很多，我无意让本书成为这样的书籍。

这本书提出了很多问题：TikTok 为什么成功？字节跳动为什么成功？短视频为什么成功？

本书讲述了字节跳动作为一家私营企业是如何崛起和积累商业财富的，还谈到了其与互联网服务提供商之间的竞争。你将看到的内容详细、准确——但愿还很有趣。这本书从根本上探索了短视频格式和机器智能推荐，而这是过去三年最重要的互联网趋势。

中国和世界其他国家对字节跳动的了解存在着巨大的鸿沟，我写这本书的主要目的在于消除这一差距。书中的许多事情在中国广为人知，却是第一次进入英语世界。此外，通过原创性的研究，我纠正了一些不准确的地方和一些传得神乎其神的故事，还进行了有益的原创性分析和深刻洞察，希望读者从中发现价值。

字节跳动是近年来最具全球影响力的科技公司之一。我真诚地希望，对围绕 TikTok、字节跳动、短视频内容格式的更广泛的讨论和理解，对总体上更深入地洞察中国互联网公司，本书都能带来价值。

我认为自己对字节跳动既不支持也不反对，只是尝试客观地描述这家公司，承认它的积极和消极方面。但愿到目前为止，我抓住了字节跳动和 TikTok 的故事的精髓，但我知道这只是开始。

谨以此书献给我的女儿米莉。

你很优秀。

第一部分

THE
BACK
END

Algorithmic
Recommendation

后　端
算法推荐

利用守门人

PROLOGUE

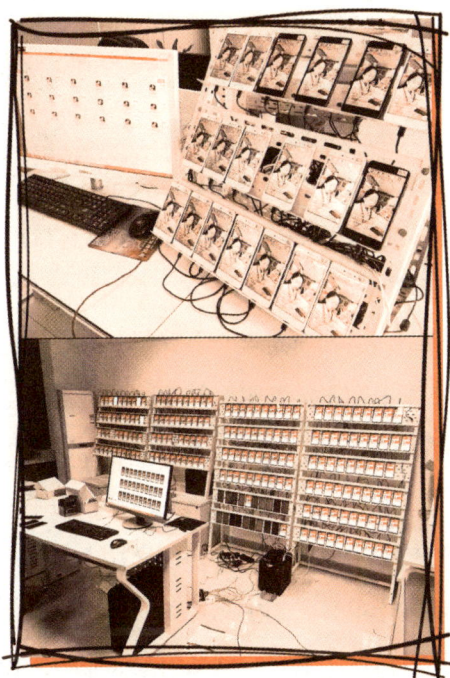

"点击农场"的设备。僵尸手机堆放在架子上，通过自动化软件对其进行远程操作。

你以为做网红，就是做几个有趣的视频这么简单？得了吧，别这么天真了！

——经理

前面的房间里传出微弱的嗡嗡声，不知道什么原因，潮湿的楼梯间里弥漫着一股塑料包装的味道。"就是这儿了。"金属门吱嘎一声打开，经理在一团香烟烟雾中说，"设备都在地下室。"两位客户迟疑地走进房间，所有人都一声不吭，全神贯注地看着眼前的一切。

他们面前的金属架子上整齐地摆放着几千部智能手机。手机屏幕的画面一直在变换，看起来很热闹。房间很大，没有窗户，电线横七竖八，在混凝土地面上交错在一起。

被好奇心驱使，一位客户走过去拿起了一部手机，上面还连着数据线。他把手机拿在手里，非常着迷地看着。这台设备居然可以自动操作：不同的应用程序来回切换，信息推送滚动翻阅，还可以自行选择视频。这些操作进行得十分缓慢，还经常会出现停顿，为了模仿人的行为，表现得自然一些。这样的效果既令人着迷，又让人深感不安。数不清的自动运转的屏幕闪着光，没有发出半点声音，如同一支幽灵管弦乐队。有个隐形管理者控制着这些手机，它就是一台装有中央控制系统软件的电脑，每部手机都通过一根数据线连接到这台电脑上。

经理走到拿着手机的客户面前，拍了拍他的背。"你以为做网红，就是做几个有趣的视频这么简单？得了吧，别这么天真了！"他说完便哈哈大笑起来，被自己的问题逗乐了。"你们想要哪种服务？"两位客户面面相觑，都有些害怕，不知道该由谁来回答。"我们主要对抖音感兴趣。"

其中一个有点胆怯地回答。经理咯咯笑了起来。"感兴趣的人不是只有你们。"他说，一边把手伸进口袋，一边对那两个人露出了贪婪的微笑，"这些手机中有一半整天都在为你们这样的人刷抖音。"他拿出一包皱巴巴的健牌香烟，递给客户，"来根烟吗？"

这个地下室里的操作就是典型的"点击农场"。数以百计这样的地下生意在中国各地运营，在现代线上关注经济中扮演着至关重要的角色。

这样的生意风险很大，不光要绕过机器流量检测系统，偶尔账号还会被封。模拟手机操作的软件很容易被检测出来。尽管购买设备的费用和电力成本很高，但使用真正的设备可靠得多。操作方法是这样的：把廉价的安卓手机连上 USB 数据线，再使用软件模拟真人的点击和滑动等动作。

帮助他人欺骗算法和操纵在线关注是一项有利可图的业务，总有客户心甘情愿花钱购买这种服务。虚假点赞、僵尸粉丝、模拟直播观众、

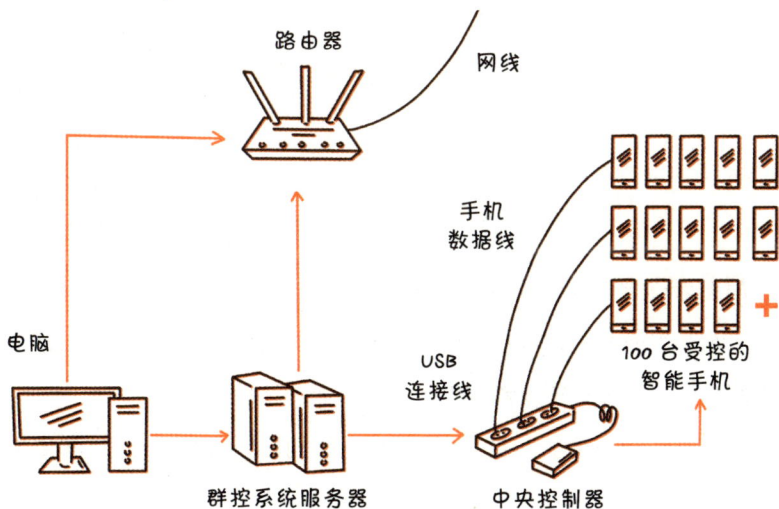

典型的"点击农场"设备

自动评论、操纵比赛投票、大规模发布内容以使某内容被撤——这样的"服务"简直数不胜数。

经理微微向后仰着头，向水泥屋顶喷出一口烟："我们有套装出售。花 350 元（折合 49 美元），就能在抖音得到 1 万个赞，10 万次观看次数[1]，5000 次分享和 50 条评论。"客户点头表示同意，这个价格十分合理。

"分享非常重要。"经理继续说。两位客户又一次看向对方，不确定是否该说些什么。最后，他们中的一个打破了沉默："我们听说'完成观看率'是最重要的。"

经理深深地吸了一口烟，把烟蒂扔在地上，慢慢地把烟蹍灭。很长一段时间都没人说话，有些尴尬，然后，经理抬起头来，注视着刚才说话的那个客户的眼睛。

"现在，中国的每个卖家都想利用这个系统。你们要学的东西还多着呢。"

如何利用 TikTok 算法

每天都有数百万个视频上传到 TikTok 上，其中绝大多数的点击量都不高。每个视频的观众规模主要由系统不断变化且非常神秘的算法决定，而控制系统的关键在于理解这些算法是如何运转的。

把一段视频上传到 TikTok 后，该视频及其文本描述就会排队接受自

---

1. 观看次数是指从头到尾看完整个视频的次数。——作者注

动审核。平台通过计算机视觉来分析和识别视频中的元素，再利用关键词对这些元素进行标记和分类。涉嫌违反该平台内容准则的视频会被标记出来，并进行人工审核。审核人员反复把视频与大量档案进行对比，以确定是否存在重复的内容。该系统旨在防止抄袭，以及防止有人把热门视频下载后删除水印，重新上传到新账号。被认定为重复的视频就会被限流。

经过了筛选过程，该视频就会被发布给一小群活跃用户，数量约有几百人。完整观看数、点赞数、评论数、平均播放长度和分享等指标将被分析，以衡量该视频在其垂直类别中的受欢迎程度。表现良好的视频将进入下一阶段，在那里被展示给成千上万的活跃用户。同样地，更多的指标将被评估，表现最好的视频将来到下一个阶段，在那里将获得更多的观众。随着视频进入的阶段越来越高，其可以接触数百万用户。

这个过程并不完全是由算法来运行的。在较高的阶段，内容审核团队的人将观看视频，他们会遵循一套严格的准则，以确认该视频是否违反平台的服务条款或存在版权问题。有些视频点击量高达 100 万次，但一旦进入人工审核程序，就会突然被撤下。

在像 TikTok 这样有大量细心用户的平台上，并不缺乏不良行为者试图找到漏洞和捷径来骗过系统。通过密切监控账号，就可以利用"点击农场"的活动来人为地夸大算法用来判断新视频受欢迎程度的指标，从而显著增加该视频被提升到更高级别的机会。

这并不是把鸡蛋放在一个篮子里，只提高一个账号的指标。不择手段的营销人员通过操作数十个甚至数百个类似的账号，以求进一步提高成功的概率。他们使用各种过滤器和特效，把较长的视频剪切和编辑成较短的内容，以逃避重复内容检测系统。

这是一场没完没了的猫捉老鼠游戏，平台越来越严格，使用各种方法来检测和打击不法行为。然而，每次平台设法弥补了一个漏洞，另一个漏洞就会很快被发现。

一套得到承认的规则出现了，可用其操作大量账号，同时还不会被发现。新账号需要"养"，这样平台才会判定它们值得信任。这涉及模仿典型用户的预期行为。用新注册的账号批量上传预编辑视频，肯定会被"禁言"，致使该账号变得毫无价值。最好的做法是，在上传之前先观看视频至少 7 天，并使用手机摄像头在应用程序中录制几段视频。每个账号必须使用单独的电话号码和 SIM 卡。不要通过多台设备登录，否则便会暴露这个账号是由专业人员操作的。为了欺骗机器，人需要一丝不苟地关注细节。

这些做法只有一个目标：欺骗应用程序的推荐系统。推荐是 TikTok 的核心，即使用机器根据人们的行为来学习推断人们对内容的偏好。这是理解这款应用及其母公司字节跳动成功的关键。

字节跳动是最早"全心投入"这项当时尚处于萌芽阶段的技术的中国互联网公司，他们致力于构建推荐引擎的艰巨任务，挑战人工信

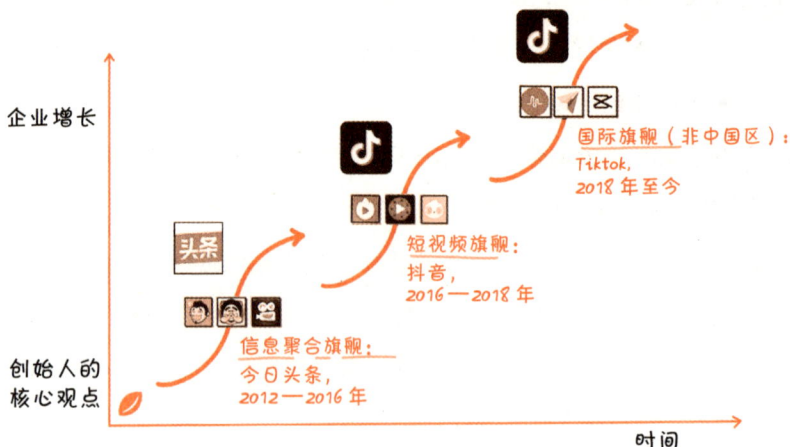

字节跳动三大发展关键词：2012—2016 年的信息聚合、2016—2018 年的短视频、2018 年以后的国际视频

息管理的现状。这个早期的赌注得到了肯定的回报。TikTok 的成功基础是在该应用问世的多年前奠定的，字节跳动开发出这款应用并非巧合。

如今，字节跳动发展成了一家庞大的企业巨头。就像其他大型互联网企业集团一样，它开拓了无数的在线服务，包括游戏、教育、企业生产力、支付等方面的。能实现这一切，都得益于该公司的三大业务：今日头条、抖音和 TikTok，在 2020 年这本书被创作时，这三者构成了字节跳动的估值基础和快速增长的核心驱动力。

这些业务的崛起揭示了三个截然不同的发展阶段，其驱动因素在于突破性的旗舰产品，正是这些产品使字节跳动获得了数亿新用户。每个阶段都有一系列配套的应用程序，其中有该公司自己开发的，也有收购而来的，这些应用程序极大地丰富了他们的产品和产品类别。

每个阶段都直接建立在前一个阶段开发的产品和技术之上。TikTok 的成功基础是复制抖音的产品体验和推广策略。抖音的成功依赖于推荐引擎、运营专业知识和通过开发今日头条而获得的现金储备。今日头条是该公司旗下的信息聚合应用，在中国家喻户晓。最后，今日头条的成功可以追溯到该公司创始人张一鸣的先见之明和果断的决策力。

2011 年，经验丰富的企业家张一鸣认识到，智能手机将深刻地改变人类接收信息及与信息互动的方式。当时还没有多少人能预见这一点，但这种在公司成立之初就种下的理念种子，最终通过 TikTok 在全球的成功体现了出来。用史蒂夫·乔布斯的话来说就是："你不可能在展望未来的时候把点点滴滴串联起来，你只能在回顾时将它们联系起来。"

要了解 TikTok 及其背后的企业字节跳动，我们需要从头开始说起。这一切源于中国东南部的一个小村庄，那里是张一鸣的家乡。

第一章

张一鸣

从许多量化指标来看，张一鸣都是世界上最顶尖的企业家。

——《时代》周刊，2019 年

章节大事记

1983 年，张一鸣在中国福建省龙岩市出生

2001 年，张一鸣进入天津南开大学，开始本科学习

2005 年，张一鸣毕业后便创立了自己的公司，这家公司仅存在 6 个月就倒闭了

2006 年，张一鸣加入在线旅游搜索引擎酷讯，担任首位程序员

2007 年，第一部 iPhone 上市

2008 年，张一鸣在微软北京工作了一段时间

2008 年，张一鸣加入推特网的翻版饭否网

2009 年，张一鸣成为房地产门户网站九九房的首席执行官

2011 年，微信走红，标志着中国"智能手机时代"拉开了序幕

2012 年，张一鸣决定离开九九房，创办字节跳动

"我从很小就开始读书了。"张一鸣回忆道。

"大约在我上幼儿园中班的时候，父亲就为我订了儿童阅读周刊。"就这样，张一鸣养成了一个终身的习惯：热爱吸收知识。到小学四年级时，他已经开始看一些简单的小说、传记、报纸和期刊了。其他孩子都看动画片，张一鸣则更喜欢科幻小说和神话故事。

他称自己上初中时每周要读二三十份报纸。从地方小报到全国性日报，他读遍了每一篇文章，一个字都没漏掉。张一鸣在后来的一篇文章中回忆道，他当时没有多少选择，只能身边有什么就看什么，感觉十分懊恼。"我经常想，如果我小时候有Kindle[1]和iPad[2]，如果我能浏览互联网，我肯定比现在聪明得多。"

他的父母鼓励他读书。他们给他起名"一鸣"，表示对自己的孩子寄予厚望，希望他有一个美好的未来。这个名字出自中国的一个成语，形容一个低调的人突然取得了巨大的成功。考虑到张一鸣后来的人生轨迹，这个名字可谓非常合适。

张一鸣小时候在县城生活，这个人生起点并不高。尽管如此，已经可以看出他非常刻苦，对知识和信息有强烈的渴望，热衷于自我提升，

1. 由亚马逊设计和销售的电子阅读器。——译者注
2. 苹果公司推出的触控屏平板电脑。——译者注

所有这些特质都被证明对他未来的职业生涯至关重要。

张一鸣上小学时梦想成为一名科学家，这无疑是受到了他爱好科学的父母的影响。张一鸣的母亲是一名护士，父亲是当地市科学技术委员会的工作人员，经常在家里讨论最新的科学技术。

张一鸣的父亲张汉平后来辞去了职务，到西南约 300 英里[1]处蓬勃发展的"世界工厂"珠江三角洲去碰运气。他在毗邻深圳和香港的工业城市东莞开办了一家电子工厂。有了这项生意带来的收入，张一鸣虽然在并不富裕的县城长大，但仍能得到很好的照顾。他家的日子谈不上阔绰，但过得还不错。

张一鸣的老家在福建西部龙岩市的孔夫村。福建是一个沿海省份，与台湾隔海相望。该地区从古至今以创业的商人、山脉和茶文化闻名。孔夫村的村民，包括张一鸣的家人，都是客家人。他们说一种很独特的方言，大多数中国人都听不懂，他们还有自己的客家菜，张一鸣离家后，非常想念家乡的客家菜。

不起眼的大学生涯

张一鸣有句话很出名，他说他在创业过程中创造了两种产品：一是面向消费者的平台，二是公司本身。此外，可以说，这位企业家多年来一直在开拓第三种产品，那就是他自己。

---

1. 1 英里合 1.6093 公里。——编者注

事实上，张一鸣像是打理软件产品一样打理自己的生活，经过不断的测试和迭代以达到优化。为此，他创造了一套公式来帮助自己做出生活中的选择。他选择大学就是他人生初期一个这样的例子。选择哪一所大学，对中国的年轻学子而言是最关键的决定。挑选大学，要与父母商量和讨论很久，还要仔细评估和研究。张一鸣考虑了哪些结果对他个人很重要，从中总结出了四大条件。基于这四个条件，他筛选了数百个选项，只用了几分钟，就从前提中推导出了结论。

"第一，必须是一所著名的综合性大学。"2019年，这位企业家回到母校南开大学，对一屋子学弟学妹解释道。在这样的大学里，男女比例比理工类院校更均衡，找起女朋友来更容易。张一鸣确实在南开大学找到了他的第一个女朋友，并最终与她喜结连理。

"第二，必须临海。第三，要远离家乡。第四则是冬天会下雪。"这位企业家继续说道。他在中国南方的沿海省份福建长大，那里很少下雪。

南开大学是唯一一所符合所有这些标准的学校，距离北京只有一个多小时的车程。张一鸣将在那里度过四年的大学时光。

从这则逸闻中可以看出张一鸣做决定的风格。基于一组给定的条件，他能让复杂的决策过程变得简单，并坚信往往会有出乎别人意料的一个"最佳结果"。南开大学是中国排名前二十的大学，绝对不是一个糟糕的选择，但大多数中国学生都渴望进入更著名的学府。然而，对年轻的张一鸣而言，冬天的雪，找女朋友，远离家人的自由，以及可以吃到美味的海鲜，才是最重要的。

上大学时，他最初想学生物学，这门学科在当时被认为是"21世纪的风向标"。不幸的是，他的分数不够。他只好转而选择电气工程专业，但没过多久又转到了软件工程专业。他认为，学电气工程，"几乎没有机会将教科书上的理论应用到实际生活中"，而计算机编程的周期要短得多，也可以更快看到结果。

张一鸣不爱说话，长着一张娃娃脸（到今天依然如此），在校园里很不起眼。他学习成绩很好，却并不爱交际。他也不像其他成绩优异的同学那样有宏图大志。"我没有参加学生社团，背 GRE（美国研究生入学考试）出国这么上进的想法，我也没有。"他回忆道。

第一学期开学后不久，他就在宿舍里组装了一台台式电脑，练习编程，了解新兴的互联网行业。张一鸣与同学不同，他很少打牌，不沉迷于电脑游戏，更不爱看电影。他开始着手提升自己，利用课余时间学习编程、阅读和修理电脑，他后来认为这三大追求帮助他培养了耐心、增长了知识，还帮他交到了朋友。

"有耐心，能独处，并基于长期思考做判断，而且不为短期因素所干扰，耐心地等待你设想和努力的事情逐步发生，这对创业来说是非常重要的事情。"他很肯定地说。

尽管张一鸣感兴趣的事情不多，每天忙忙碌碌，他还是抽出时间主动与人交流。但即使是进行这些活动也意在获得最佳结果。除了编程，如前所述，张一鸣还经常修理电脑，这也是结交新朋友的好办法。请他修电脑的大多是女同学，他未来的妻子就是其中之一。

张一鸣的妻子是他的初恋女友，他是在学校的 BBS[1] 上与妻子邂逅的。在同学之中，他修理电脑的技术最好，在 BBS 上很有名气。张一鸣后来解释了为什么与初恋结婚："如果世界上有两万人适合我，我只要找到这两万人中的一个就行了。这是在可接受范围内的近似最优解决方案。"[2] 真

---

1. 电子公告板。——译者注
2. 早期的中国网民在网上认识自己的配偶并不罕见。据说，腾讯公司首席执行官马化腾是通过他公司的即时通信软件 QQ 认识了他的妻子。——作者注

是太浪漫了。

看张一鸣的这些话，很容易认为他跟冷酷的机器人差不多。考虑到他的接连创业和在商界所下的大胆、雄心勃勃的赌注，他也并不总是如此。然而，值得注意的是，张一鸣在个人生活方面虽然保守，在创业生涯中却极有胆色，怀揣着雄心壮志。多年后，张一鸣仍然坚持认为字节跳动与公众的印象相反，是一家"浪漫"的公司，而他对浪漫的定义是"把想象变成现实。面对现实，改变现实"。

张一鸣目标明确，虽在大学里不爱交际，但仍然珍惜友情，这为他未来招聘人才打下了良好的基础。张一鸣上大学时兼职修电脑，为企业创建网站，每月可以赚到两三千元钱（280美元～420美元）。对21世纪初的中国学生来说，这可不是一笔小钱。张一鸣和几个关系亲密的同学一起熬夜完成作业后，他会出钱请他们吃烧烤。

他在南开大学的几个朋友在数年后加入了字节跳动，与张一鸣成为同事，其中最有名的是他的大学室友梁汝波。他们二人曾一起学习计算机和编程，结下了深厚的友谊，他们每个周末都使用同一台电脑，一起打羽毛球。

张一鸣曾与梁汝波等大学同学一起吃烧烤，对当时的情形留下了美好的回忆。因此，当字节跳动迁入位于北京的较宽敞的新总部，他非常兴奋，认为终于有机会可以在公司屋顶上安装烧烤架，吃上他最喜欢的夜宵了。"这让我想起了在南开的快乐时光。"这件事很有趣，毕竟众所周知，张一鸣不是一个容易激动的人。大家总说他极其冷静理性。

在四年的大学生活中，张一鸣的成绩一直很好，但从来都没有名列前茅。他有一个难得的高光时刻。他凭借在大四编写的电路板自动化软件，在一次比赛中获得了二等奖。在同学和老师的眼中，他不过是个不显眼的局外人，甚至是个略有些无趣的同学，谁也不会相信他以后将成为世界上最成功的企业家之一，创造出未来主宰数亿人数字生活的一些应用程序。

开始工作

梁汝波与张一鸣相识多年，说到朋友的人生核心理念，梁汝波称之为"追求卓越"，也可以说是"摆脱平庸"。这在一定程度上解释了为何张一鸣一毕业就开始创业，他与两位同学共同创办了一家公司，开发协同办公系统软件。

然而，这个项目很快就失败了。对当时的中国市场来说，这个概念太过超前。没人购买这款软件，部分原因在于他们的团队没能有效地宣传软件的用处。张一鸣并不觉得气馁。与中国大多数大学毕业生不同，他似乎并不那么看重稳定的生活。相反，张一鸣很有兴趣把赌注押在颇具前景的新领域上。对物质和个人财富，他兴致寥寥。当然，他父亲电子厂的收入为他提供了一定的社会地位、经济保障，也给了他自由去追求兴趣爱好，对他有很大的帮助。

张一鸣开始寻找新挑战，他把自己的软件工程文凭证书和联系方式发布在一个在线论坛上，希望能找到工作。不久之后，另一位南开校友联系了他，希望他加入一家名为酷讯的旅行初创企业。张一鸣动身去了北京，到这家羽翼未丰的在线航班和酒店搜索引擎网站参加面试，他提出了一个非常有用的技术改进建议，给面试官留下了深刻印象。他立即获得了聘用，成为该公司的第五名员工。在短短几个月间，张一鸣就迅速成为公司的骨干。他后来在一次演讲中透露："刚开始我只是一个普通的程序员，但到了第二年，我就管理着四五十人，负责后端技术和其他产品相关的工作了。

"我那时还年轻，可以夜以继日地工作，熬通宵也不在话下。如果早早下班回家，我通常会看书学习到凌晨一两点。那段时间感觉很充实。在那两年里，我每日每夜都在学习。"他抓住机会学习所有他能学到的知识，甚至跟随销售团队去拜访客户。多年后，在组建字节跳动的第一支广告销售团队时，张一鸣称那段经历是无价的。

后来在字节跳动工作时，张一鸣希望聘用像他年轻时那样的应聘者：年轻、上进、敬业。整个中国互联网行业都是由这些缺乏经验的应届毕业生建立起来的。中国的私营经济发展迅速，充满活力，许多领域内都存在着激烈的竞争。利润丰厚且迅速扩张的互联网服务行业放大了这些特征，将它们提升到了一个全新的水平。

经营企业，就像打一场残酷的游击战，开发员、程序员和运营人员的日程表总是排得很满，他们忙得焦头烂额。执行速度就是一切。各家公司都希望去大学里招募年轻、未婚、有抱负的"前线士兵"，这样的员工愿意在35岁左右被淘汰，以换取丰厚的补偿或在上市公司得到发大财的机会。[1]

并不能说张一鸣所在的新公司酷讯取得了多大的成功，但在中国互联网行业中，酷讯可谓一个传奇。在巅峰时期，该公司只有170名员工，但其中30多人后来成为活跃的企业家，创办了自己的互联网公司。张一鸣则是"酷讯创业帮"中最杰出的一员。"酷讯创业帮"一词与硅谷著名的"贝宝黑手党"差不多。

酷讯联合创始人陈华雄心勃勃，要与搜索巨头百度一争高下，希望

---

1. 在字节跳动中国公司，员工的平均年龄仅为27岁。——作者注

酷讯可以成为"中国的谷歌"。然而，那时，百度已经所向无敌，它战胜了谷歌，捍卫了自己的市场份额，谷歌后来则主动离开了中国市场，使它的前竞争对手百度在中文搜索领域获得了近乎垄断的地位。在百度于纳斯达克上市前后，张一鸣刚从南开大学毕业。到 2011 年 3 月，百度的市值达到 400 多亿美元，超过了其竞争对手腾讯，成为中国最有价值的互联网公司。

陈华意识到，在"通用搜索"方面与百度竞争的机会之窗已然关闭。他转向了旅游业的垂直搜索市场，其涵盖机票、酒店和旅游的预订，该市场规模虽小，但仍然有很大的发展空间。无论如何，陈华希望有朝一日挑战无敌百度的远大抱负，已经在酷讯的许多员工心中扎了根，尤其是年轻的张一鸣。出乎很多人意料的是，后来还是张一鸣实现了陈华的梦想。

遗憾的是，这位创始人离开了酷讯。公司刚刚在市场上崭露头角，就陷入了管理混乱。张一鸣意识到是时候往前走了，2008 年，他加入了位于北京的微软亚洲研究院[1]，希望能在这家世界上最负盛名的科技公司里吸取经验。

然而，他发现那里与预期的完全不同。回顾他在微软的时光，张一鸣说那是他职业生涯中最无聊的一年。跳槽到一个节奏缓慢、处处都遵循规章制度的大公司，是一种文化冲击。他发现自己一天里有半天都无所事事，他只好通过自己最喜欢的习惯来打破无聊。他承认："我读了很多书。"在此期间，他如饥似渴地阅读信息量很大的自传。他最喜欢的书包括史蒂文·柯维的生产力经典著作《高效能人士的七个习惯》和美国传奇 CEO 杰克·韦尔奇的商业"圣经"《赢》。对遵循流程和关注细节的员工，微软会予以奖励。张一鸣发现他对自己认为低效的工作方法感到

1.微软亚洲研究院就像中国顶尖人工智能人才的西点军校，培养了许多中国领先的人工智能初创企业的高管和有影响力的 CEO。——作者注

沮丧。"我认为，那里并不适合有特殊想法和动力的人……我仍然更喜欢有挑战性和创造性的生活。"这是他的观点。

在微软工作期间，张一鸣在北京买了他的第一套房，对他这个年龄的人来说，这是一件大事。按照中国的文化，结婚的时候要有一套房子，有没有房子非常重要，对年轻男性而言尤为如此。对许多中国人来说，在首都拥有自己的第一套房产，都是一个终生的里程碑，其价格与纽约或伦敦的房地产价格相似，而且需要在未来几十年偿还抵押贷款。买房子之前，人们通常都要咨询朋友和同事，认真考虑家庭关系，多找几家房地产公司，亲自到各个住宅区选房。

张一鸣的选房方法自然与众不同。他开发了一个检索软件，收集所有关于北京住房市场的在线数据，并将其存入数据库。在生成了多个Excel 电子表格之后，他仔细分析了这些数字，对所有选项进行了排序，最后得出了他的最佳答案。他把结果交给一个房地产中介，简洁地告诉他："给我在这个小区里找一套房子。"

一年后，他选中的公寓的价格涨了一倍多。当然，当时整个房地产市场的价格都在上涨，但张一鸣选择的小区是周边地区房价涨幅最大的。这则逸闻再次凸显了张一鸣在做高风险决策时对传统方法的漠视，以及他对现状的怀疑。他简化了耗时且复杂的决策过程，选择进行有效且符合逻辑的数据比较，以产生单一的最优解决方案。他后来把这套房子卖了，以筹集资金创办字节跳动，此举充分表明了他对早期团队成员和投资者的坚定承诺。

中国的推特网

　　在酷讯工作期间，张一鸣认识了另一位年轻的企业家王兴。王兴是一个非常能干的人，后来成为中国商界最有影响力的人物之一。王兴和张一鸣是同乡，都来自龙岩，家乡距离他们在北京工作的地方有约 1000 英里远。王兴的父亲也是一家工厂的老板。王兴当时 29 岁，张一鸣 25 岁，只比他小 4 岁。王兴也是一名电子工程专业的学生。脸书网的成功促使他放弃了在特拉华大学的博士项目，回国成为一名互联网企业家。张一鸣和王兴志同道合，这两个电脑怪才远离家乡，在中国互联网初创企业这个疯狂而纷乱的世界中奋力打拼。

　　王兴说服张一鸣加入了他最新创建的企业饭否网，该公司旨在打造中国的推特网。在科技巨头微软工作了一段时间后，张一鸣重新回到了创业环境中，感觉如鱼得水。他是饭否网的技术合作伙伴，负责饭否网的搜索功能、热门话题和社交分析。该网站发展迅速，当时被认为是中国互联网最耀眼的明星之一。

推特网　　　　　　　　　饭否网

推特网和饭否网的用户界面对比

张一鸣后来回忆他在饭否网工作的经历，称他最大的领悟之一是，社交网络和获取信息是两回事。在饭否网或推特网这样的平台上，用户既可以和朋友交流，保持联系，也可以分享想法。与此同时，他们也在获得突发新闻或感兴趣的文章等信息。这两种活动很容易合并，但代表了两种不同的需求。对这一区别的清醒认识，后来帮助张一鸣确定了字节跳动的早期方向。

2009 年 7 月，饭否网的发展戛然而止。没过多久，王兴就转移重心，创建了美团。美团最终成为中国最大、最成功的互联网公司之一，提供食物外卖服务和本地餐厅列表。如今，王兴和张一鸣是中国极受尊敬的两位企业老总，他们的友谊历久弥坚。

张一鸣成为企业 CEO

随着饭否网的关闭，张一鸣无事可做，等了两个月终于离开。这时，风险投资家王琼抓住机会，说服张一鸣加入了一家新公司。王琼是海纳亚洲的董事总经理。海纳亚洲是美国金融巨头海纳国际在中国的风险投资分公司。王琼非常了解张一鸣，海纳亚洲对酷讯的投资就是她负责的，因此，她深知张一鸣是个能力卓绝的人。

多年前，王琼对张一鸣的第一印象让她心存疑虑。"第一眼看到他，他看起来像个高中生，我心里开始打鼓。酷讯怎么能让这样一个小男生去负责公司这么重要的业务线呢？但当他与整个董事会谈过之后……他的视野，他对技术的理解和驾驭，当场得到了我们的认可。"

王琼了解张一鸣的能力，还是通过酷讯的副业，一个专注于房地产信息的搜索板块，有迹象表明，该板块比旅游和酒店搜索等核心业务利润更高。王琼认为有机会建立一个专门的房地产搜索门户网站，有点像美国市场的 Zillow 网。

他们将网站命名为"九九房（99fang.com）"，"fang"即中文里的"房子"。张一鸣管理着一个小团队，其中包括他在南开大学的前室友梁汝波。这家公司并没有取得巨大的成功，但从很多方面来看，它都有不俗的表现，而张一鸣也证明了自己有能力领导一个团队。截至 2011 年 12 月，九九房的日访问量达到 30 万，成为中国第三大房地产信息网站。

九九房是张一鸣 6 年来的第 4 次创业。与各种各样的工作环境、技术和产品的接触，极大地影响了他后来在字节跳动的工作。从企业软件到旅行和房地产，张一鸣在多个垂直领域都有过工作经验。他在运营内容门户网站、搜索引擎和社交网络方面汲取了实用的技术知识。从任职于主动规避风险的微软，到与一些最大胆、最雄心勃勃的初创公司创始人共事，他经历过截然不同的公司文化和管理风格。在九九房，他学会了如何做一个领导者。

张一鸣在处理员工管理问题时素以态度温和著称。他若是不满员工的表现，会温和地讲道理，还会给予真诚的鼓励，他用这样的办法来解决问题，员工们称这种方法有其独特的魔力。包括梁汝波在内的许多人都说，张一鸣认为愤怒是一种无用的情绪，是一种精神上的懒惰。相反，他努力追求一种"介于轻度喜悦和轻度抑郁之间"的理想状态。

移动应用时代来临

2010 年年初，中国互联网行业发生了翻天覆地的变化，这种迅速变化的格局催生出了字节跳动最成功的应用程序。2011 年年末 iPhone 4S 智能手机的发布是一个里程碑。事实证明，这款产品引起了轰动，当地消费者在街上排起了长队，只为购买到这样一部手机。那一年是智能手机的一个突破年份，在中国的销售量达到了 1.1 亿部，超过了前几年的总和。

在智能手机出现之前，中国城市居民使用的是功能手机，这些手机只能接入少数几种昂贵的互联网服务，屏幕小，分辨率低，用户体验糟糕，因此发展很有限。在此之前，人们依然使用台式电脑的网络浏览器和安装的软件程序上网，台式电脑安装在办公室或网吧等固定的室内位置上，屏幕很大。

智能手机的到来，在很大程度上改变了大多数中国人获取信息的方式，其程度之深，远远超过了西方国家。私营的互联网媒体组织已经发

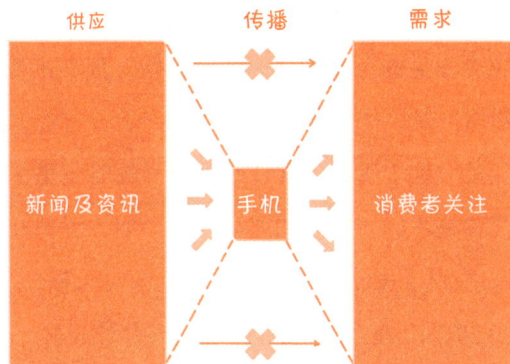

手机作为新闻和信息传播的主要媒介，充当了接触消费者的咽喉点

展起来，网络名人正在学习如何吸引大量的追随者。

智能手机即将大幅扩大通过互联网获取服务和信息的市场规模。这些新手机与个人电脑截然不同。与个人电脑的大显示器相比，智能手机的屏幕很小。手机就放在消费者的口袋里，可以随身携带，这意味着在任何地点、任何时间都可以上网获取信息。中国迅速成为一个沉迷于智能手机的国家。大多数人从未拥有过台式机或笔记本电脑，但在中国的数百个大城市，很快几乎每个处在工作年龄的成年人都拥有了一部智能手机。

张一鸣意识到，他正在见证人们获取信息的方式开始发生结构性的转变。2011 年年初，他周围的北京地铁乘客想了解新闻，还要看纸质报纸。而仅仅过了几个月，大多数人就都转而使用起了智能手机。

"这是信息传播介质的变革，手机很可能会取代纸媒成为信息传播的最主要载体，又因为人和手机的对应关系，手机随身携带，个性化推荐的需求一定会增加。"张一鸣这样评论。

他的观察极为准确，不过涉及的不仅是新闻和信息方面。每个人口袋里的小屏幕将成为中国最有价值、竞争最激烈的不动产，成为引起人们的注意方面的一个新的咽喉点。其他互联网行业领袖也开始敏锐地意识到他们周围正在发生的深刻变化。微信创始人张小龙甚至声称：手机是我们身体的延伸。

张一鸣在移动开发上加倍下注。在 6 个月的时间里，九九房团队推出了 5 款房地产市场不同子类别的移动应用，如二手房和租赁。这一系列应用程序总共获得了 150 万移动用户，其中每天活跃的用户超过 10万，九九房因此在中国房地产应用程序的细分领域里占据了主导地位。

对大多数人来说，买房需要很长时间，要慢慢做决定。买家和卖家都必须不断地了解最新消息，比如新的房地产开发项目或当地政府的

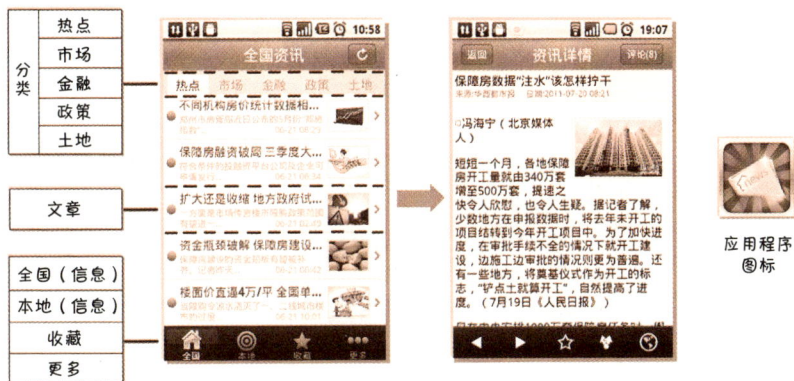

房产资讯——房地产信息和文章汇聚应用程序

政策变化。为了满足这一需求，九九房开发了一款应用，名字简单明了，叫"房地产信息"，它汇集了各大信息门户平台和热门房地产网站的文章。

这项服务背后的技术很简单，但它满足了人们真实的需求，事实证明它很受欢迎。将来自数千个源头的信息聚合到智能手机上的一个订阅源，可谓潜力巨大。可以使用技术来提取、过滤和显示相关程度最高的信息，比任何人希望达到的速度都要快得多。张一鸣认为他们发现了一个非常有潜力的东西，而仅开发房地产应用的想法太过狭隘。

事后看来，很明显，九九房的"房产资讯"应用是字节跳动早期旗舰应用今日头条的前身。版面、产品逻辑甚至标识都很相似。构建一套相互配合的应用程序的策略也被借用，并在字节跳动发挥了重大的作用。

张一鸣决定辞去九九房首席执行官一职。他再也不能把自己局限在房地产领域。对像他这样的企业家来说，移动互联网的崛起是一个千载难逢的大好良机。他觉得有必要尝试一些更大的东西，一些能触及每个人的东西。

第二章

字节跳动
创业之初

2013 年，字节跳动员工在他们最初用单元房改造的办公室里

章节大事记

2012 年 1 月：字节跳动的第一个应用程序搞笑囧图上线

2012 年 3 月：字节跳动正式成立

2012 年 5 月：字节跳动第二款应用内涵段子发布

2012 年 7 月：海纳亚洲牵头字节跳动 A 轮投资

2012 年 8 月：字节跳动旗舰应用今日头条上线

2012 年 9 月：字节跳动首个个性化推荐系统上线

2012 年 10 月：今日头条运营 90 天，获得 1000 万用户

2013 年 5 月：尤里·米尔纳牵头字节跳动 B 轮投资

　　那天天气非常冷，咖啡厅里没几个客人，灯一直关着。外面是北京一望无际的灰色混凝土建筑，冬天的天空污染严重。王琼来到咖啡厅，她见到了张一鸣，只见他身材瘦削，戴着眼镜，穿着黑夹克，正坐在角落里捧着一本书读着。

　　当时，全国上下大多数人都在和家人一起庆祝春节，张一鸣满脑子想的则是开发应用程序。为期 7 天的假期一结束，他就联系了当初说服他去做九九房的投资人王琼。他们约好在北京中关村一家距离公司办公室不远的咖啡厅见面。中关村是中国一些最有影响力的科技公司的所在地，也是中国与硅谷最相似的地方。

　　三个月前，张一鸣告诉王琼，他不想再做房地产行业，希望"做点别的什么"，从而抓住移动互联网的新浪潮。现在，他想到了要做的事。他们二人聊了起来。

　　讨论到一半，张一鸣从桌上拿起一张餐巾纸，开始写出自己的想法。王琼不需要太多的劝说。风险投资是一场在人身上投资的游戏，而她信任张一鸣。他甚至愿意卖掉他的房子来为这个新项目提供资金。王琼同意提供 8 万美元的天使投资，还保证将牵头为张一鸣的初创公司进行下一轮融资。

　　张一鸣能够从他的个人关系网中获得更多的资金。他的朋友刘峻和周子敬共投资了 200 万元人民币。毫无疑问，王琼是字节跳动历史上最重要的投资人[1]。尽管当时她可能不知道这一点，但那天她在咖啡厅与张一鸣的会面，却是她职业生涯的决定性选择，是每个风险投资家都梦寐以求的。假如字节跳动上市，海纳亚洲将获得数十亿美元的回报，甚至超过基准资本投资公司对优步的传奇性早期投资的回报，后者在首次公开募股时价值高达 68 亿美元。2013 年，海纳亚洲持有字节跳动 12% 的股份，据报道，他们现在仍是该公司最大的机构投资者。截至本文撰写之时，包括 TikTok 在内，字节跳动的市值超过了 1000 亿美元。

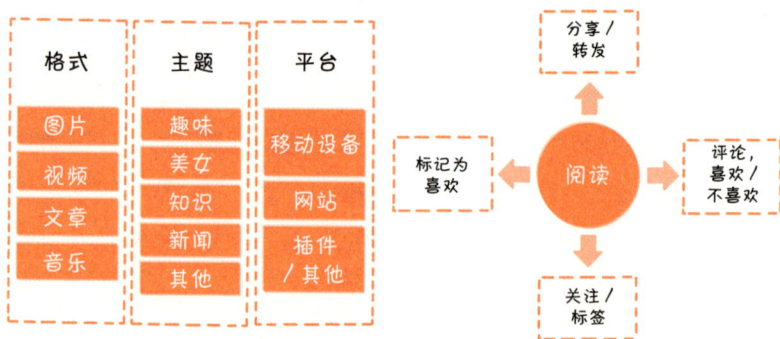

王琼印象中张一鸣在餐巾纸上画的产品介绍

海纳亚洲创投基金

在其本土市场，美国金融服务公司海纳国际集团从本质上来说是一种对冲基金公司，拥有投资银行和专注于公开市场的研究公司。然而，王琼任职的海纳亚洲是地区分公司，作为一个独立的风险投资公司，他

1. 海纳亚洲创投基金牵头进行了字节跳动的 A 轮投资，A+ 轮投资在 2012 年 12 月进行，其中包括 100 万美元的过渡性融资，并在之后的一年深度参与了 B 轮投资。——作者注

们投资没有上市的私营公司。海纳亚洲于 2005 年进入中国，最初在不同的行业进行过联合投资，甚至深入到采矿和工业染料等领域。

王琼在中国长大，在纽约州立大学学习了电子工程，之后在 IT 和电信行业工作了 13 年，直到 2006 年作为合伙人加入总部位于北京的海纳集团。她最初的投资项目之一就是酷讯，也因此认识了张一鸣。

字节跳动是该公司的第一个天使投资项目。"这项（早期投资）让我能够从头到尾参与整个发展过程。我从心底里为那家公司感到自豪。"王琼在回忆起那段经历时滔滔不绝地说。

锦秋家园

字节跳动的第一个办公室有点简陋，全部经营活动都在两套改建的民居里进行。在字节跳动成立的第一年，他们的总部设在锦秋家园小区 4 号楼 D 座 6 层。那里距离北京西北部的中关村科技中心只有 10 分钟的车程，周围是北京理工大学和清华大学等一流的研究型学府。除此之外，锦秋家园没有什么特色，不过就是北京一眼望不到边的单调住宅小区中的一个。

字节跳动团队在一套四室两卫的大公寓里开始了他们的生意，里面摆满了宜家的办公家具。房租是每月 2 万元（当时折合为 3170 美元）。处于早期创业阶段的公司都会这么做，毕竟尚未发展起来，无法获得足够的投资，从而迁入更正式的办公场所。这就跟美国初创公司的地下室和车库办公室差不多。

锦秋家园入口

张一鸣很重视招聘人才，在公司成立初期，他亲自面试数百位技术岗位的应聘者。经过几轮严格筛选，核心团队成立了。他还带走了前公司九九房的几位重要人物，包括他大学时的室友梁汝波。张一鸣并不后悔转换角色，离开原来的公司。"创业就像赌博。成功是低概率事件。你会因为失败而感到内疚吗？"这就是他的解释。

锦秋家园为创始团队提供了一个如家庭般温馨的环境。一名厨师在厨房里为 30 多名员工做饭，节省了时间和金钱。唯一的缺点是快到午饭的时候，饭香会让人分心。员工在阳台上抽烟，拉近了彼此之间的距离。公司不要求在炎热的夏天穿职业正装，短裤和 T 恤是标准穿着。在字节跳动创立初期，张一鸣曾让一位记者大吃一惊，他竟然端着一碗饭，穿着凉鞋，去接受媒体的正式采访。有时候，新员工只干几天就辞职了。"他们可能认为这家公司太小了，什么都不符合标准。"张一鸣后来反思道。

张一鸣在锦秋家园办公室的工作区

在同一大楼的顶层，有另一家小型初创公司 36 氪，该公司经过发展，成为第一家在美国上市的中国科技类网络出版物公司。两家知名的大型公司同时在同一个小区创业，这让锦秋家园在中国互联网行业中获得了神话般的地位。

字节跳动，是一家舞蹈培训机构吗？

在为公司起名字时，张一鸣做出了一个另类的选择：同时起中英文名字。经过集思广益，团队想出了"ByteDance"这个名字，据说灵感来自史蒂夫·乔布斯的一句名言："光有技术是不够的。技术只有与人文相结合，才会带来让我们心灵歌唱的结果。"

"Byte"是计算机的信息单位字节，代表着技术的声音，"Dance"则代表了人文。他们根据英文名起了中文名，即字节跳动。将"字节跳动"直译成英文，则是 Byte Bounce，之所以有所变化，是因为团队担心会被误认为是舞蹈培训机构。如果你觉得这个英文名字听起来有点奇怪，那中文名字听起来就更奇怪了。

在这个时期创建的中国互联网企业，往往只专注于国内市场已经出现的很多好机会，却很少考虑海外市场。先起英文名是一个显著的标志，表明字节跳动确实"从第一天起就着眼于全球"，这是字节跳动的口号之一，只是听起来有点老套。

史蒂夫·乔布斯的这句话为字节跳动公司起名带来了灵感，他在字节跳动成立的几个月前去世了。他在中国的科技行业广受尊敬，给整个行业带来了冲击。通过智能手机提供互联网服务的"应用程序经济"是乔布斯的创意，字节跳动的全部业务都是建立在这个基础之上的。

搞笑囧图

2012 年年初，张一鸣完全沉迷于对数据挖掘和信息推荐的思考，他研究了中美两国市场上所有主要的线上内容平台，无意间发现了一个重要的现象：在中国的应用程序商店里，许多排名靠前的非游戏应用程序都专注于轻娱乐内容。

"我们可以先从娱乐这块切入，娱乐是挺'刚需'的东西。"字节跳动最早的移动应用开发员黄河说。他在九九房就与张一鸣是同事。

离线
今日热门

爆笑
漫画
动图
萌图
更多

应用程序图标

字节跳动的第一个应用程序"搞笑囧图",2012 年截图

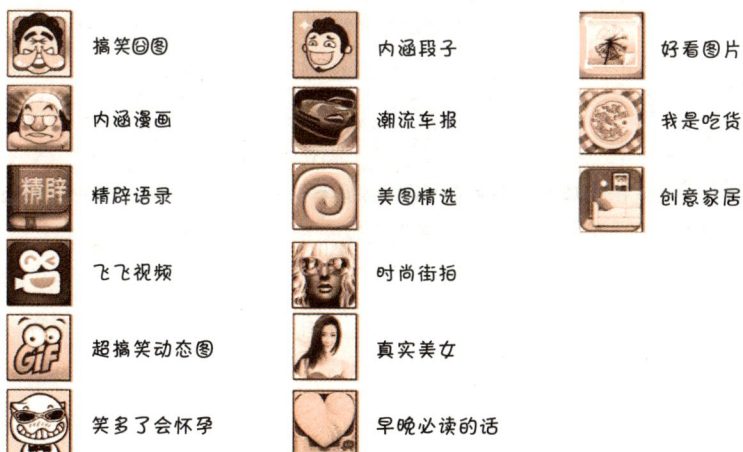

搞笑囧图

内涵段子

好看图片

内涵漫画

潮流车报

我是吃货

精辟语录

美图精选

创意家居

飞飞视频

时尚街拍

超搞笑动态图

真实美女

笑多了会怀孕

早晚必读的话

字节跳动于 2012 年发布的最早的应用程序

　　早在字节跳动正式注册成为一家企业之前，这个刚刚成立的团队就开始开发他们的第一个应用程序"搞笑囧图"了。在这款应用中可以看到无数有意思的段子和搞笑图片，让人爱不释手。

　　紧接着，第二款名为内涵段子的应用也上线了，这款应用定位类似，专注于网络段子。内涵段子迅速走红，短短几个月就吸引了数百万用户。这两款类似的应用程序之所以成功，原因在于它们的名字起得比较好，还实现了数据保存的最优化。

　　2012 年上半年，这家刚刚创立的公司总共发布了十几款应用进行测试，尝试了各种主题和方向。

　　为了想出名字，该团队研究了"中国推特"新浪微博上排名靠前的账号，发现通常使用直白语言的网名效果最好。像"好看图片""今晚必看视频""真实美女"等简明的描述性标题虽然缺乏想象力，却能引起许

| 真实美女 | 我是吃货 | 潮流车报 | 时尚街拍 | 创意家居 |

几款手机应用的截图，可以看到其类似的结构

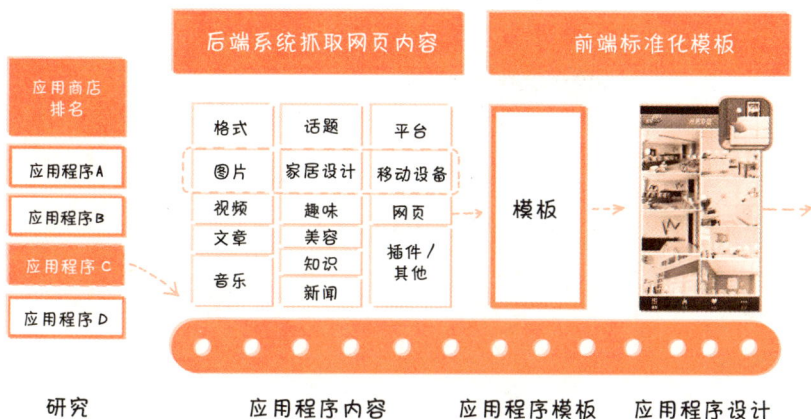

早期类似工厂生产线的系统可以快速生成应用程序

多早期手机应用用户的共鸣，他们能立即理解这款应用的用途。[1]

以前在九九房的时候，张一鸣的团队已经开发了 5 个房地产应用程序，以测试不同的定位。现在在字节跳动，他进一步完善了这一策略，实现了快速试验。迅速推出新创意，测试多种功能，让市场验证哪些有价值：这成为字节跳动的一个持久战略。

张一鸣的团队在九九房期间积累了丰富的移动应用开发经验，因此，他们为字节跳动开发这些新应用，就相对容易了。"当时做 App 的成本是很低的，设计个框架，套个壳，内容加个过滤器就全出来了。"开发员黄河解释道。

这还算好的，毕竟开发名字诸如"笑多了会怀孕"的应用，在民房改建的办公室里运营，CEO 穿着 T 恤和凉鞋上班，其中一个不幸的后果是很难招到人才。他们通过人脉招聘到的最有才华的程序员很快就离开了。"我们没有办法说服高段位的副总裁候选人加入我们。他们都在想，

---

1. 鉴于该公司后来受到的指控，我想澄清一下，我没有发现"真实美女"应用程序中含有色情内容的证据。

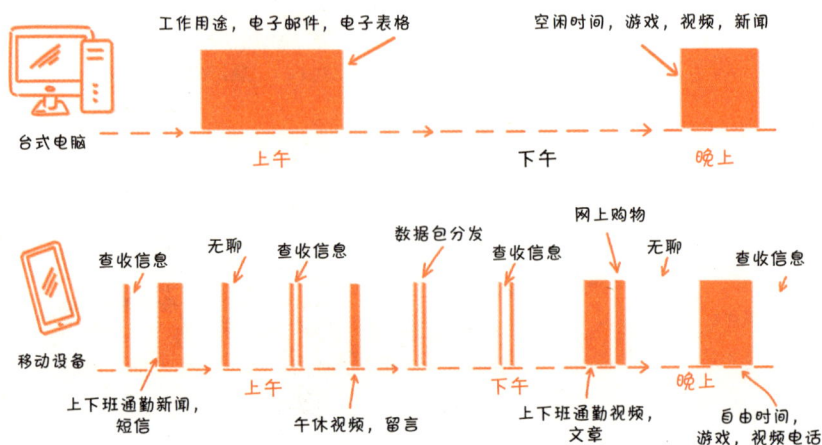

工作用途，电子邮件，电子表格

空闲时间，游戏，视频，新闻

台式电脑

上午　　　　　　　　下午　　　　　　　　晚上

网上购物

查收信息　　　无聊　　　查收信息　　　数据包分发　　　查收信息　　　　　无聊　　　查收信息

移动设备

上午　　　　　　　　　　下午　　　　　　晚上

上下班通勤新闻，
短信

午休视频，留言

上下班通勤视频，
文章

自由时间，
游戏，视频电话

移动互联网的使用极其分散，一天的时间可以划分成很多很短的时间段。相比之下，台式电脑的使用时间段则较长

这么 low（低端）的东西我怎么可能会加入呢？甚至程序员都有不来的。"张一鸣反思道。

对字节跳动来说，有一点很幸运，当时中国的应用程序开发仍处于初级阶段。许多竞争对手的应用程序都附带了很大的内容包。这种体验有点像下载完成版本的电子书，而这种模式大大增加了应用程序的大小。相比之下，字节跳动的应用程序又轻又小，只有几兆字节。通过连接他们的服务器，应用程序的内容可以不断更新，后端系统还会定期抓取和分类网上的内容。

在智能手机上看文章、图片或视频等内容，与通过台式机上网相比，是一种截然不同的体验。张一鸣推测其有三大痛点：屏幕太小，时间太分散，信息超载。在他看来，中国还没有一款产品能同时解决这三个问题。

他们需要一款更有野心的旗舰产品。"虽然当时在很多垂直领域进行过尝试，但我们最终一定要做一个很大的东西。"

今日头条

"就像扎克伯格创办脸书网连接了人和人，特拉维斯·卡兰尼克创办优步连接了人和车，今日头条是让信息和人实现更广泛和高效率的匹配。"张一鸣后来这样描述这款新旗舰产品的愿景。

团队开始带着开阔的视野，开发一个更有野心的应用程序，以聚合和组织来自互联网的许多内容。这是一款以大数据和机器学习能力为驱动力的应用程序，可以根据人们的个性化偏好为他们提供量身定制的信息源，而且无须人类管理员。

到目前为止，大多数中国信息门户网站都采用人工编辑和策划的内容，而这一模式自雅虎推广使用以来并没有多大改变。20世纪90年代就是如此。张一鸣认为这在移动时代已经不适用了。他认为，随着技术的进步，利用大数据和机器学习的自动化系统将取代人工。

这款新应用名叫今日头条，意思是"今天的头条"，后来通常缩写为"头条"。这个名字是从团队提出的近百个候选名中杀出重围的。

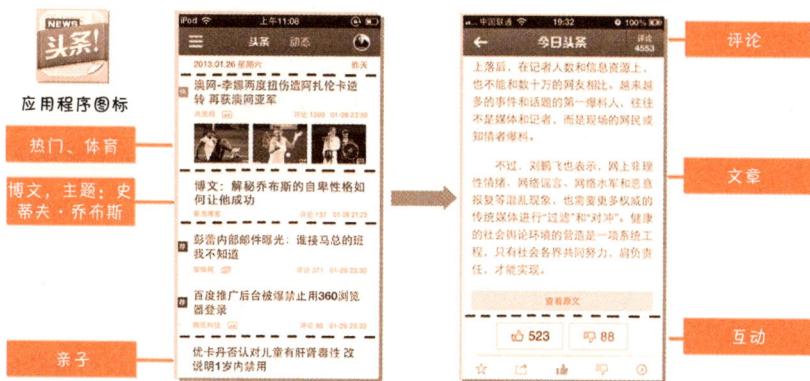

今日头条的早期界面

"'头条'是最重要的新闻。'今日'给人一种时效性的感觉。今天最重要的新闻。这个名字朗朗上口，简单明了，还让人害怕错过。"开发员黄河解释道，这个脱颖而出的名字就是他想出来的。

新闻应用程序被认为是一项利润丰厚的业务。这种应用的使用频率很高，人们即使只有片刻的空闲时间来看最新的头条新闻，也会打开新闻类应用。与手机游戏等其他类型受欢迎的应用程序相比，新闻应用的留存率也很高，而手机游戏的留存期都很短。保持消息灵通是人类的基本需求，一旦形成了习惯，新闻应用通常不会被删除。

在新闻应用程序中添加新的额外功能或内容类别，并看到它们被使用者接受，相对来说比较容易。这与闹钟等其他工具形成了鲜明对比，这些工具的使用率和留存率都很高，但仅限于单一用途。人们往往希望自己的闹钟只是闹钟。

但将今日头条视为一款新闻应用程序多少会使人误解。它的定位是以新闻为主，在应用商店里与其他传统新闻应用程序同处一类，但实际上它提供各种信息，无论是重要的新闻、无关紧要的娱乐消息，还是经久不衰的博客文章，可谓应有尽有。张一鸣解释说："我们（做的）其实并不是一款新闻应用。从一开始，我们就希望囊括各种内容……成为最了解你的信息平台。"

在这个时候，盗版猖獗，中国的互联网深受其害。编写的内容会被别人利用、随意下载和使用，以至于常常难以找到原始来源。面对这样的环境，中国的网络传媒中充斥着由企业付费的"软文广告"文章和故事，这已成为一个公开的秘密。记者们还有什么长期的谋生手段吗？这样的动态大大加强了今日头条作为多种形式在线内容的广泛聚合者的地位。从本质上讲，从微博、微信到搜索巨头百度，甚至是网页浏览器应用程序，今日头条是在与所有内容发布平台争夺在线关注。

今日头条也凭借卓越的体验赢得了用户。即使在有限的同类应用类别中，今日头条在产品创新方面也超越了其他应用，它不断迭代，并率先引入了如今被视为理所当然的微优化。与竞争对手不同的是，从顶部向下拖曳，页面就会出现更新的新内容。由于了解人们在上下班途中网络不好，该应用具有预先加载文章的功能，在必要时还可以显示较低清晰度的图片。

团队还开发了一个交叉转换系统，将用户从字节跳动现有的应用转移到今日头条。从基本上说，字节跳动现有的应用充当了自有获取渠道，他们通过这些渠道，不花一分钱就能吸引用户，这在早期的安卓设备上尤其有效。字节跳动在成立之初非常省钱，还会控制成本。2012 年全年，他们只花了 100 万元人民币（当时约合 15.8 万美元）做推广宣传，并在年底获得了 100 多万的活跃用户。单个激活用户的获取成本还不到一毛钱（当时折合 0.016 美元）。创建像"搞笑囧图"这样没有太大价值的段子应用程序，只是达到目的的一种手段。用这些应用程序获取用户，不仅聪明，还很便宜，这些用户以后可以转化为母舰平台今日头条的用户。

技术与成功有什么关系？

字节跳动尚未开始通过访问来赚钱，这意味着张一鸣面临着获取投资者资金的压力。该公司最早的资金都来自张一鸣的熟人，比如王琼和几位张一鸣熟识的天使投资人。

今日头条成为字节跳动的核心业务，以至于媒体和员工都不用"字节跳动"这个名字，而是用"头条"来称呼公司。张一鸣以这个旗舰信息应用为核心商业计划，去拉拢 B 轮融资。然而，拉投资并不容易。

王琼亲自把张一鸣介绍给了她至少 20 位从事风险投资的朋友。他们全都不看好字节跳动，张一鸣接连吃了很多闭门羹。有位投资人只谈了 15 分钟就离开了，后来还向王琼抱怨："光看这个年轻人的样子，就不符合我的投资风格。"张一鸣看起来太年轻了。他语速很快，声音柔和，看起来就像个温文尔雅的软件程序员，一点也不像强硬的商业领袖。许多中国投资者都喜欢傲慢而自信的"马云式"企业家，张一鸣却与这样的形象截然相反。只有少数人愿意考虑，但他们能提供的投资很少，达不到张一鸣的期望。他们的数据和使用趋势都很不错。那么，问题出在哪里？

许多风险投资者认为今日头条只是移动版的信息门户网站，这样的应用有很多。最大的台式电脑信息门户网站网易和搜狐都声称自己的移动应用有 2 亿用户，其他重要的竞争者如腾讯和凤凰网也在争夺市场份额。在市场的末端，有许多规模较小的细分市场竞争者跟在知名平台后面抢夺市场。这是一个成熟的"红海"市场，竞争非常激烈，大部分战利品似乎都被大公司瓜分了。大多数投资者认为用户已经得到了非常广泛的服务。

没有人询问，字节跳动在拥有了相当规模的用户基础后将如何创造收益。中国科技界认同"流量为王"的箴言，一旦一项业务达到一定的规模，总有办法赚到钱。关键的问题是，在一个已经被瓜分的市场上，能否达到这样的规模。

到目前为止，中国所有认真的投资者都深刻地意识到了移动互联网的崛起，但对从台式电脑转向智能手机将带来哪些结果的认识，仍不明朗。这不仅仅是人们获得信息的设备发生了变化，也是为适应新媒介，信息传播和使用方式的转变。张一鸣希望改变信息的传播方式，从人类编辑人员驱动，转换到基于大数据和机器学习的人工智能驱动。

　　王琼记得当时感觉很沮丧："每个人都认为技术很棒，但技术与成功有多大关系？现有的门户网站即使不使用这种技术，也能满足用户的需求。所以他们（投资者）会问，这项技术给用户带来的价值和好处是否真有那么大？"中国的风险投资人全都不理解这个模式的真正潜力，也没有预见到把机器学习应用于信息传播，影响力会有多么大。

　　然而，其实也不能全怪那些投资者拒绝投资，因为张一鸣太保守，低估了潜在的机会。他们用来获得投资的商业计划包含一个要点（翻译如下）。

　　"信息的获取和消费是一个足够大的市场，使用频率高，属于刚性需求。领先者的日活跃用户可以达到1000万。"

　　风险投资者通常会投资很多处于起步阶段的公司，希望其中一些赌注能获得巨大的回报。每天1000万日活用户数，量化了向投资者提供的机会的大小。大的回报需要大的市场，然而，张一鸣对今日头条的潜在市场低估了至少一个数量级。到2017年9月，也就是四年半之后，今日头条拥有1.2亿日活用户。因此，与其说中国风险投资者没能看出今日头

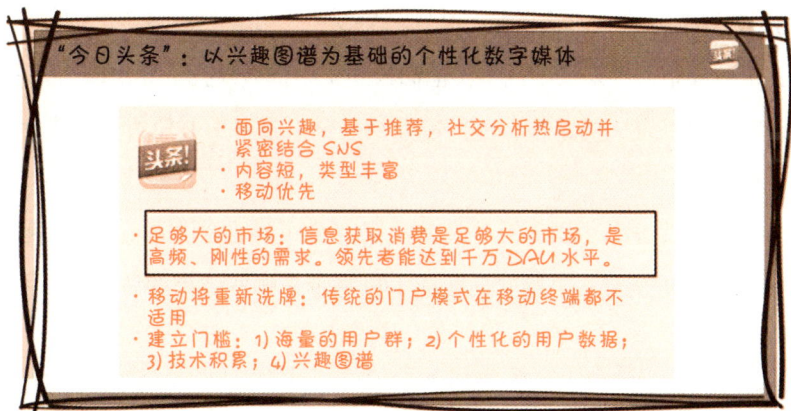

2013年，字节跳动获得B轮投资的部分原始商业计划译本

条的潜力，不如说张一鸣超出了投资者的预期。对于他的公司未来的发展前景，他没能给出一个足够宏大的愿景，正如王琼在她后来的文章中提到的那样：

"没想到在这么长的时间里，很少有投资者看好这个产品。与此同时，我也没有想到今日头条会发展成为一家超级独角兽企业。"[1]

很多投资者拒绝了字节跳动的前几轮融资，错过了可能是他们职业生涯中回报最高的交易。这些人的名单读起来就像中国风险投资名人录。

连续 6 年位居中国早期投资公司之首的真格基金联合创始人徐小平（Bob）后来承认："我们错过了天使投资。永远的遗憾。"由传奇风险投资家沈南鹏领导的红杉资本中国基金"买下了中国互联网的一半"，偏偏拒绝了字节跳动的 A 轮融资。他后来承认这是一个巨大的错误，他冷静地反思道："这是投资者生活的一部分……风险投资就是一场伴随着后悔的游戏。"

知名投资公司纪源资本拒绝了张一鸣，金沙江创投著名的"独角兽猎手"朱啸虎也没有投资。亿万富翁、互联网企业家兼投资者周鸿祎后来开玩笑说他是最倒霉的："我很早就投资了，但中间以极低的价格把股票卖了。"

王琼和张一鸣陷入了困境。他们遭到了中国风险投资界一些最著名、最受尊敬的投资人的拒绝，他们需要找一个人来牵头 B 轮投资。答案来自世界的另一边。

1.独角兽企业是指估值超过 10 亿美元的私有初创公司。超级独角兽或十角兽企业是估值超过 100 亿美元的公司。——作者注

俄罗斯伸出援手（通过旧金山）

"这周五晚上 9 点去创业投资加速器吧。"

这条神秘信息发送给了参加 2011 年创业加速器项目的 43 支初创企业团队。创业投资加速器是硅谷最负盛名的初创企业孵化器项目。项目合作伙伴的这份神秘通知在各个初创企业创始人中引发了疯狂的猜测，大家都在猜想会发生什么。他们没有被告知去干什么，只知道将有重要的事发生。一些人猜测，可能会有像史蒂夫·乔布斯这样的名人讲话[1]。随着时间的临近，大家越来越兴奋。

到了星期五晚上，会堂里坐满了人。所有的创业者都聚集在山景城的创业投资加速器总部，一排又一排的座位上都是年轻的创业者。一场来自欧洲的视频会议开始了。对方是一个中年男子，秃头，长着一对浓眉，说话带有俄罗斯口音。他宣布了一个重要消息："我们将为 43 家公司每家都提供 15 万美元的投资。"

人们都震惊了。"条款太疯狂了！没有折扣的无上限可换股票据[2]。有效的自由现金。"其中一位创始人后来回忆自己的反应时惊呼道。活动尚未结束，43 家初创企业中就有 36 家签署了文件。这是一笔史无前例的地毯式投资，投资人这么做，只因为相信加速器的声望，甚至都没见过这些初创公司。这一切背后的策划者是俄罗斯最具影响力的科技投资者、亿万富翁、企业家兼物理学家尤里·鲍里索维奇·米尔纳。

那天，来自旧金山的华裔企业家黄共宇也坐在观众席上。他的初创

---

1. 乔布斯在那年 10 月不幸去世。尽管他的健康状况不断恶化，但直到 6 月，他仍然出席各种活动。——作者注
2. 这是一种常见的初创公司早期融资方法，没有设定估价。票据以后可以转换成一定数量的普通股票或等值的现金。——作者注

公司原先做的是视频聚合平台，后来转型为广告分析平台 Hotspots.io。他们十分感激，毫不犹豫地接受了尤里提供的资金。

一年后，黄共宇的初创公司一离开创业投资加速器，便被推特网收购，他决定从紧张的创业生活中抽出两个星期去中国看看。黄共宇很想多了解一些蓬勃发展的科技领域，也在四处寻找潜在的天使投资机会。通过人脉，他结识了海纳亚洲的王琼，后者将他介绍给了张一鸣。黄共宇就这样来到了锦秋家园 4 号楼，站在由民居改建的字节跳动公司的办公室里。

张一鸣欢迎着远方的来客，开始耐心地和黄共宇讲解他们在做什么。比如他们开发的十几个应用，又比如信息聚合器和个性化推荐系统。黄共宇很惊讶。他们使用的技术质量与他在美国看到的不相上下。张一鸣拥有强大的技术，雄心勃勃，思维非常清晰。和黄共宇在美国认识的其他企业家一样，他是一个令人敬畏的经营者。这次会面只持续了 90 分钟。尽管如此，黄共宇看到的已经足够多，知道他想投资。后来黄共宇回到美国，王琼还和他通过电子邮件保持联系。

当所有中国当地的风险投资者都拒绝了字节跳动之后，王琼只得再次联系黄共宇，问他在美国有没有熟人有兴趣投资。一个名字立刻出现在了黄共宇的脑海里：尤里。

事实证明，尤里·米尔纳的投资公司数码天空科技已经在北京设立了办事处。数码天空科技是中国互联网行业投资最多、最成功的外国投资者之一，投资的中国公司都很有名，比如阿里巴巴、京东、美团、滴滴出行和小米等。

数码天空科技合伙人周受资去见张一鸣。开完会后，他十分乐观，他注意到了该应用的增长轨迹，认为创始人张一鸣很有能力，对字节跳动的发展方向有信心。尤里同意领投 B 轮融资，投资后，他获得了字节跳动 7.2% 的股份，据称价值 6000 万美元[1]。如今，即使经过稀释，这些股份仍价值数十亿美元。即使给 43 家初创公司每家投资的 15 万美元都没有得到一分钱的回报，对字节跳动的投资仍然是值得的，因为正是出于这种慷慨，才会有字节跳动的交易。

后来事实证明，字节跳动的 B 轮融资，是许多风险投资家把赌注押在这家即将成为独角兽企业的最后机会。一年后，该公司的估值飙升至 5 亿美元。张一鸣有资格选择他想要的投资人，包括知名金融公司和其他成熟的互联网公司，这些公司也可以提供数据和用户等战略资源。

尽管有很多传言，但字节跳动避免了受中国互联网行业传统三大巨头百度、阿里巴巴和腾讯影响的命运。特别是阿里巴巴和腾讯已经建立了强大而广泛的互联网服务生态系统，掌握着巨大的流量和用户数据。业界普遍认为，在中国互联网生态系统中，一旦某个初创企业达到一定规模，就必须接受三大巨头的投资，否则就有可能被与巨头同一边的竞争对手倾轧。缺点就是要成为企业投资者的代表，而企业投资者会利用合资公司去遏制竞争对手。在同规模的中国互联网公司中，唯有字节跳动仍在单干。当有传言称腾讯将投资字节跳动时，一名员工向张一鸣抱怨道："我加入字节跳动，可不是为了成为腾讯的员工。"张一鸣给出的回答很简短："我也不是。"[2]

字节跳动接受了知名公司新浪微博的投资，该公司加入了 C 轮融资。新浪微博击败了张一鸣的前雇主饭否网，赢得了"中国推特"的美誉。这意味着他们可以为字节跳动提供大量的数据。微博开放了应用程序接口，即允许不同应用程序交互的中介，准许今日头条访问微博的用户数

1. 这笔投资是通过一个名为 Apoletto 的基金进行的，这是一个支持米尔纳慈善事业的基金会投资工具。据报道，截至撰写本文时，字节跳动在私人二级市场上的估值为 1000 亿美元左右。——作者注
2. 2016 年，腾讯投资了字节跳动，只持股 1.72%，但后来出售了这些股份。——作者注

据和活动，比如评论。

　　如果用户用新浪微博账号登录今日头条，字节跳动就会在几秒钟内分析出他们的微博兴趣和阅读偏好，并利用这些分析进行个性化推荐。后来，新浪微博才意识到字节跳动是他们的竞争对手。微博最终关闭了接口，不再让竞争对手访问其数据，并出售了自己在字节跳动的股份。

　　你可能会问，作为中国互联网巨头之一的微博，怎么可能意识不到字节跳动是竞争对手？答案与风险投资界最优秀的人才都不把字节跳动当回事的原因大致相同。

　　今日头条的定义是信息聚合器。人们只认为它是移动信息应用类别里的竞争对手，而在大多数科技巨头和投资者眼里，这是一个有点乏味且过度饱和的类别。

　　"我们合伙人讨论的时候，都觉得竞争太激烈了。这家小公司没有机会。"红杉资本的沈南鹏解释道。大家一致认为，要想脱颖而出，关键不在于技术，而是在于其他商业因素，例如拥有一个大众认可的品牌和忠诚的用户群，或者在三大巨头的生态系统中得到支持，享受到不公平的优势。但悲观的不只是中国投资人，大众对这项技术的局限性也普遍持怀疑态度。

　　"信息聚合是一种并不光彩的追求，即便是成功的公司，也不得不面对一个事实：在判断哪些新闻/内容会吸引人方面，没有任何算法能像人脑一样出色。"美国科技博客 TechCrunch 上一篇明显带有负面色彩的文章在开头这样写道，这篇文章评估了美国初创公司 Prismatic 有多大机会成功，而 Prismatic 的定位与今日头条类似。今天，这样的观点似乎已经过时了。

新办公楼

　　获得尤里·米尔纳的支持标志着字节跳动的发展出现了转折点。该公司得以从民房改建的办公室搬到正式的办公楼。盈都大厦位于他们的旧办公室以西约1公里处，位于主干道知春路上。这个地区是多家大型互联网公司的所在地，这些公司和今日头条都在中国家喻户晓，包括张一鸣的朋友王兴经营的食物外卖巨头美团，以及手机制造商小米。新办公大楼的一层是沃尔玛超市，字节跳动在楼上。字节跳动对员工的着装要求依然很随意，公司的厨师继续为员工烹制免费的饭菜。

在2013年字节跳动的招聘广告中，张一鸣站在当时盈都大厦新办公室的前台

大约在这个时候，张一鸣在北京的一个建筑工地上看到了一条标语，他觉得这句标语对他们那个时期的发展是一个很好的概括。

小地方，大梦想。

"我认为这非常适合我们。"

第三章

YouTube 和 TikTok 的"推荐"页面

2011 年

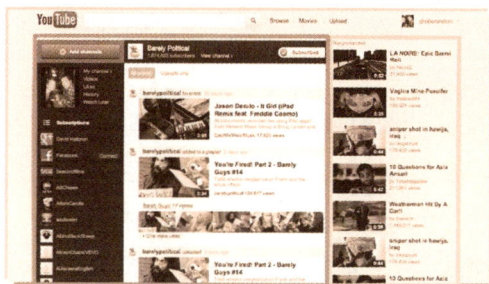

订阅频道占整个
页面 53%

推荐页面占
24%

2019 年

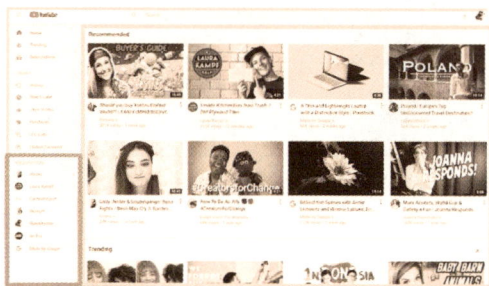

订阅频道占整个
页面 7%

推荐页面占
79%

章节大事记

2009 年：一项能将推荐页面准确度提高 10% 的算法获得了 Netflix（网飞）的百万美元奖金

2011 年：YouTube 推出推荐页面机器学习算法引擎，效果立竿见影

2012 年 8 月：字节跳动发布信息综合应用程序今日头条

2012 年 9 月：在 ImageNet 大规模视觉识别挑战赛上，AlexNet 取得突破进展，引起全球人工智能热潮。

2013 年 3 月：脸书网将其新闻传送干路改为"个性定制新闻"

2014 年 4 月：照片墙开始使用提供个性化内容的"浏览"选项卡

2015 年：各类谷歌产品启用 Google Brian 的深度学习算法，包括 YouTube 上的推荐页面

时间回到 2010 年，YouTube 面临困境

尽管当时的 YouTube[1] 已经是互联网访问量排行第三的网站，但 YouTube 推荐页面的技术负责人约翰·麦克法登却说："作为浏览器主页，YouTube.com 的用户黏性还是不够强。"很多人只是把 YouTube 当作视频的"中转站"，可以方便快捷地把上传的视频再嵌入其他页面，YouTube 上只不过是一些一次性视频而已，而不是视频的"终点站"。

YouTube 团队采取了一系列策略来提高用户黏度，想要让用户在网站上停留更长时间、观看更多视频。为此，他们推出了一个名为"靠着看"的新功能，允许一系列视频按顺序自动播放。他们为顶流视频创作者配置了专业的摄像设备，甚至还举办了流媒体直播活动。不过此时，YouTube 还是把重注押在了"订阅频道"上。在"订阅频道"中，用户只能从单一来源进行方便的订阅和固定类型视频观看，类似过去的电视频道。

不久后，YouTube 基于这一概念重新设计了网站主页，最显著的改变就是添加了一个蓝色的"添加订阅"按钮（参见本章首页）。YouTube 斥资 1 亿美元与顶流内容创作者达成协议，其中包括麦当娜和沙奎

1.视频网站，俗称"油管"。——编者注

尔·奥尼尔等名人，还有好莱坞制作公司和职业摔跤组织 WWE。他们对于合作伙伴的选择，也揭示了 YouTube 当时的终极目标：将自己打造成类似电视的娱乐平台。

然而，一年后，ComScore 的数据显示用户在 YouTube 上花费的平均时间基本与之前持平。也就是说，YouTube 付出的努力并未收获成效，花大价钱去制作更加精良的视频绝非良策，因为问题并不是出在视频内容上。正如 YouTube 的设计总监克里斯托斯·古德洛所说："我们相信对世界上每一个人来说，YouTube 里都有 100 小时的视频内容是他们想看的。网站里有数以亿计的视频，内容已经完全足够了。"

现在问题在于，怎么将如此多的视频内容和正确的用户进行匹配。诚然，鼓励人们进行频道订阅是一种行之有效的方法，但事实证明，这种方法的收效也十分有限。技术负责人麦克法登说："人们知道自己想看什么视频，就会上 YouTube 搜索这些视频。但我们希望，人们即便不知道自己想看什么，YouTube 也能满足其需要。"

YouTube 很早之前就添加了"推荐视频"的侧边栏，它会基于用户行为历史提出个性化建议。然而，想要生成人们真正想要的个性化列表并非易事。2010 年技术论文《YouTube 视频推荐系统》中的一段话就巧妙地概括了这项艰巨的技术挑战：

"由用户上传的视频通常没有元数据，或是元数据很少。此外，YouTube 上的视频大都非常简短（长度不到 10 分钟），因此用户交互时间相对较短，且干扰较大……这点与 Netflix 和 Amazon（亚马逊）不同，不论是观看付费电影还是购买商品，用户都表现出了非常明确的意向。此外，YouTube 上许多有趣的视频从上传到大范围传播再到过气的周期很短，因此需要持续不断地更新推荐。"

视频上传者一般不能给视频起一个准确的标题，或是选择的视频封面无法提示视频内容。有一段视频让 YouTube 的程序员们看了直摇头，视频内容本身十分有趣，但它没能大范围传播的原因竟是上传者起了个神神秘秘的标题："快来看这个！"经过大量的实验后，YouTube 视频推荐团队才发现他们的产品居然还得依靠 Amazon 在 12 年前（1998 年）研发的单项目协作过滤算法。

变革的起点

2011 年，谷歌公司在 YouTube 上使用名为 Sibyl 的新型机器学习系统以进行视频推荐，收获了重大成果。Sibyl 带来的效果可谓立竿见影，YouTube 工作人员发现，在运用了更加有效的视频推荐技术后，网站的访问量像是加装了火箭助推器般直线上升。机器学习系统效果显著，短时间内，越来越多的人开始点击"视频推荐"来选择想看的视频，而不是通过网页搜索和邮件链接来查找视频。

谷歌继续更新迭代，进一步优化视频推荐系统，后来用 Google Brain 替换了原有的 Sibyl 系统。Google Brain 由谷歌旗下斯坦福大学教授安德鲁·吴带领的著名开发团队 Google X 所研发。Google Brain 在深度学习领域取得了突破进展，如果说 Sibyl 系统是"颇有成效"，那么 Google Brain 完全称得上"效果卓绝"。2014 年至 2017 年的三年间，人们在 YouTube 主页上观看视频的总时间增长了 20 倍，通过"视频推荐"观看视频的时长达到了总时长的 70%。社交媒体上也有越来越多的人承认，YouTube 像是自己肚子里的蛔虫，能够精准推荐自己感兴趣的视频。

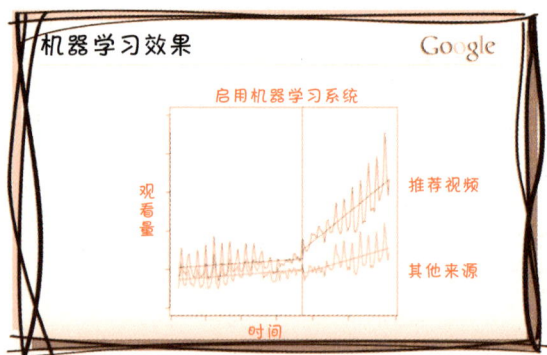

2011 年 YouTube 使用机器学习视频推荐算法引擎 Sibyl 带来的直接影响

人工智能领域的迅速发展，包括名为"深度学习"的技术性突破，意味着这种信息发布方法将快速成熟并产生深远的影响。对像字节跳动这样的公司来说，这些新进展出现的时机再好不过了。他们正处在新时代的早期阶段，而在这个新时代，算法推荐的有效性和准确性将进一步取得巨大飞跃。YouTube 只是最早受益的网站之一，而这些技术进步之后会让亚马逊的产品推荐和 TikTok 视频等各种在线体验更加丰富。

字节跳动想要崛起成为网络巨头，还有很多事情需要落实到位。他们必须研发一款受欢迎的产品才能适应如此广阔的市场，他们的创始人必须拥有远见卓识和足够的魄力才能组建一个成功的团队。还有一点必不可少：运气。你必须在正确的时间做正确的事，才能不被巨大的变革浪潮所淹没。中国著名科技企业家、小米 CEO 雷军，在总结自己在漫长职业生涯中得到的经验教训时曾说：

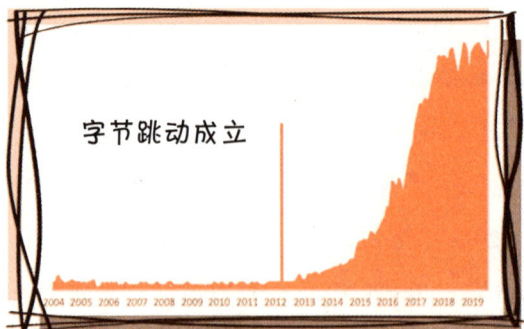

谷歌趋势，从 2004 年至 2019 年人们对"深度学习"一词的兴趣的变化

"抓住机遇，远比任何战略更重要。"

许多业内资深人士都认识到，在改善移动体验方面，个性化推荐具有巨大潜力。然而，张一鸣走在了队伍的最前面，他不仅嗅觉灵敏，行动也很果断。张一鸣很早就清晰地认识到他们必须"全力以赴"投入个性化推荐的研发，同时也因为他在绝佳的时机做出了这个决定，字节跳动才能取得如此佳绩。字节跳动跟上的时代潮流不是一股，而是两股，即智能手机的崛起、人工智能的崛起。

故事从一张车票开始

张一鸣回忆，他最早发现个性化推荐的力量，是在 2010 年即将结束之时。当时，农历新年临近，和无数在大城市漂泊的"打工人"一样，他也开始在网上搜索回家的车票。春运车票往往"一票难求"，人们要么守在电脑边不断刷新页面以求抢到余票，要么只能找票贩子高价买票。

但张一鸣并不打算这么干。他直接写了一个全新的程序，可以抓取售票网站的数据，在票务放出余票时第一时间通知他。他只用了一个午休的时间，就写好了这个程序。完成后还不到 30 分钟，这个程序就帮他抢到了回家的票。

后来在思考主动搜索和个性推荐时，张一鸣说："这对我们是一个启发。搜索引擎要求我们自己输入查找条件，虽然我们现在也使用搜索引擎，但我们可以设置触发条件。当条件满足时，信息就会自动传递给用户。这就是'人找信息'到'信息找人'的转变。这就是我最早对推荐

拉动模式："人找信息"——主动

推动模式："信息找人"——被动

"人找信息"和"信息找人"的推拉模式对比

引擎及其应用的思考。"这个想法虽未完全成形，但种子已经在张一鸣心中悄然发芽。与其让用户主动从互联网上获取信息，不如根据个人需求把信息推送或推荐给他们。

2013 年年底，字节跳动成立一年多后，张一鸣应邀在一个小型的行业会议上做报告。在会上，他对自己的想法进行了全面阐述，在这个时

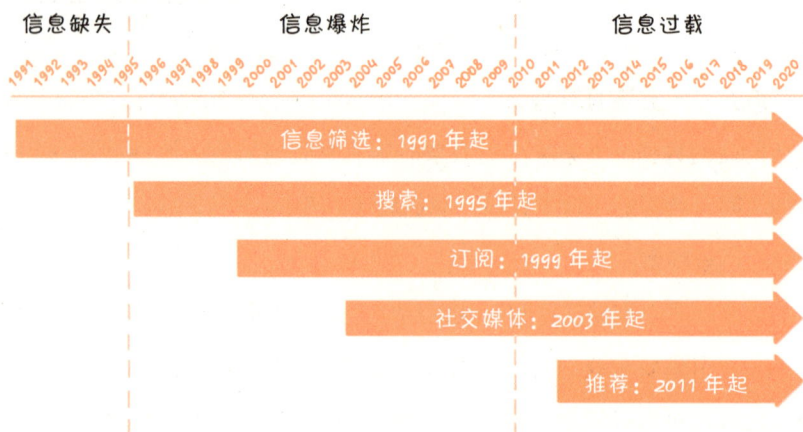

互联网信息发布方式演变

候，他的想法已经逐渐成形。

"我们可以对互联网时代再进行细分。最早是门户网站，接着是搜索引擎，然后是微博，现在是推荐引擎。这些都是发送和接收信息的不同方式。我们可以看到，每一代的技术变革都起着至关重要的作用。"

张一鸣为我们构造了一个框架，详细说明了互联网时代信息发布方式的演变，其中最早的方式是"门户网站"。

人工筛选——门户网站，雅虎，美国在线

门户网站与互联网时代前的报纸类似，是由编辑人员对内容进行更新、整理的大型信息集合体。门户网站的一个重要特征，就是展示或突出展示的内容都是由人工编辑决定的。这种集中的人工管理模式起源于互联网早期，当时所有主要的互联网站点都罗列在一个单独的人工管理目录中。

20世纪90年代中后期，中国出现了三大门户网站：网易、新浪和搜狐，它们都效仿了雅虎最初的门户网站模式。这三家公司都于2000年在纳斯达克上市。在阿里巴巴和腾讯崛起之前，它们一直是中国第一代互联网巨头。门户网站的模式仍然具有很强的适应性，在今日头条兴起之前，使用人工编辑来选择和管理信息顺序的方法一直广受欢迎。可以说，由人工编辑进行信息筛选并不是一种真正的互联网信息发布模式，而仅仅是延续了报纸或电视等互联网出现前的传播形式，因为它具有单向传播的特点，信息交互和个性化程度都十分有限。

搜索引擎——强意向

　　到了 20 世纪 90 年代中期，人们发现互联网实在太过庞大，不可能再由人工管理信息。互联网代表着信息的爆炸式增长。一夜之间，人人都可以建立自己的博客网站，在线发布信息。在这时，搜索引擎应运而生，在这个庞杂分散到无法想象的巨大网络中，我们可以利用搜索引擎来精确定位我们需要的信息。

　　最早流行的搜索引擎有 AltaVista 和雅虎等。后来，拥有更先进技术的谷歌崛起，逐渐在这一领域占据主导地位。想把信息和用户匹配起来，搜索引擎是一种行之有效的方法，然而它存在着一个致命缺陷：用户必须清楚想要搜索什么信息。他们必须绞尽脑汁理解自己的需求，然后在搜索栏中键入一个相关的术语，并从所提供的选项中选择最合适的一个。这就导致搜索引擎不太适合新闻和娱乐领域，因为在这两个领域中，发掘和发现占有很大的比重。

　　不过搜索业务利润相当丰厚。通过在搜索结果上投放广告，谷歌和主导中国互联网搜索市场的百度成为各自市场上最具价值的两家互联网巨头。

订阅——电子邮件和 RSS（简易信息聚合）

　　大多数人认为电子邮件只能用于工作交流。然而，在 20 世纪 90 年代，第一代数字营销人员早就发现了电子邮件作为信息渠道的强大功能：它可以用来发布促销信息，并与原有的客户群体保持紧密关系。自此，各大网站纷纷开始号召用户"订阅我们的新闻"，我们的收件箱也变得越来越杂乱。

大约在千年之交，RSS 标准逐渐成形，人们可以直接使用 RSS 阅读器软件（比如流行一时的 Google reader）订阅并接收网站的更新。我们不必再登录 30 个不同的网站查看信息，可以把信息都放到一个地方集中管理。就像"Web2.0"一样，RSS 也曾风靡一时，但现在大多数人已经完全不知道它是什么了。播客使用的也是 RSS 标准，许多播客应用程序至今仍然更偏好订阅模式。

同样是信息发布的一种形式，订阅并没有像搜索引擎一样催生出互联网巨头。一部分原因是其开放的标准格式并不由任何一个私人组织所控制，而是大家都能用的 RSS 和电子邮件。而另一部分原因，就是它很快被另一种形式的信息发布所取代，这种形式可谓"青出于蓝而胜于蓝"：如果我们订阅的不是信息，而是人呢？

社交网络——分散

社交网络几乎不需要介绍。事实已经证明，社交网络是一种非常受欢迎且行之有效的东西，不仅可以促进人与人的沟通，也是传播信息的好方法。从本质上说，在社交网络中，你"订阅"的是分享信息的人。这个人发布的信息也许源自其本身，比如"这是我和爸爸今天拍的照片"，也可能源自其他地方，比如"这篇游记写得太好了"。

这种发布形式是高度分散的。用户看到的内容只不过是整个社交网络中千千万万人的个体行为，因为没有任何两个人的社交网络会同时完全相同，所以每个人看到的信息都是个性化的。

社交网络信息发布模式多种多样，比如脸书和推特的滚屏内容提要，还有 WhatsApp（瓦次普）的大型群组，这些都是新兴市场中流行的社交信息发布形式。还有另一种模式，以 Reddit 和 Diggs 为例，这些平台会基于"点赞"来发布信息。以上所有形式的共同点在于，信息的发布都是由用户自主决定的，当然也要受信息平台规定的约束。

信息推荐——今日头条和抖音

信息推荐技术近年才逐渐趋于成熟。这种模式一旦普及，信息将变得更加触手可及，因为信息推荐技术不再要求用户主动订阅频道、添加好友或进行点赞。当然，要把信息匹配给对应的用户也有着很高的技术要求。以搜索引擎为例，用户在搜索栏中键入的词条已经明确地表明了用户的意图，但就信息推荐技术而言，用户喜好就没这么清晰了，只能根据用户的历史行为判断其偏好。

在线信息推荐的先驱是成立于 2001 年的 StumbleUpon 公司，他们制作了用于信息推荐的浏览器工具栏插件。2009 年，一项能将推荐页面准确度提高 10% 的算法获得了 Netflix 的百万美元奖金。网上信息推荐的重要性首先展现在电商领域，比如"买了这件商品的顾客还买了……"。

一般来说，推荐系统依赖于两个关键步骤："内容过滤"和"协作过滤"。这两个概念理解起来并不复杂。内容过滤系统会向用户推荐他们本身就喜欢的信息，比如用户喜欢看关于狗的视频，并且这类视频带有"爱狗人士"的标签，那么系统就会给用户推荐更多关于狗的视频。

而协作过滤系统则是通过找到爱好相似的用户群来给出推荐。比如简和特雷西爱看的视频类型高度相关，如果简多次完整地观看了某一视频，也就意味着她一定是喜欢这类视频的，那么这个时候系统就会将该视频推荐给特雷西。

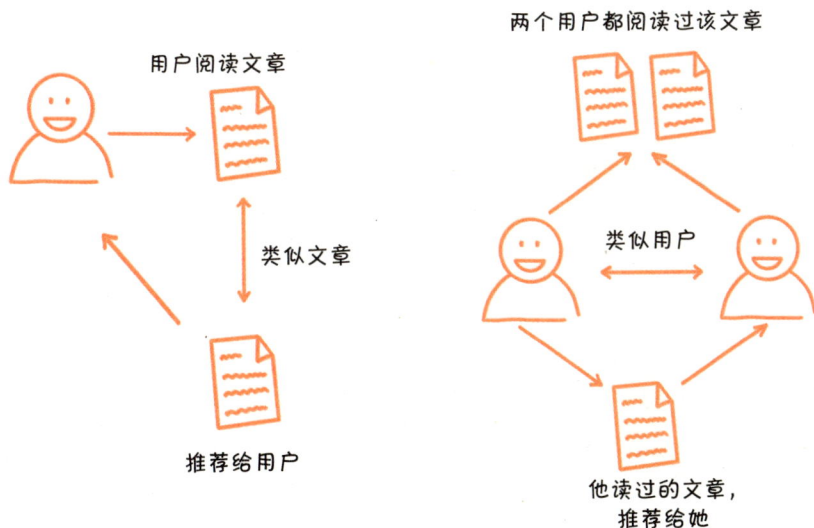

左图：内容过滤　右图：协作过滤

互联网信息传播

　　上面这些不同的方法之间并不互斥，它们可以共同发挥作用。对网络平台来说，也不可能只依靠某种单一的方法来发布信息，你见过哪个网站或者应用程序上没有某种形式的搜索功能？不过，大多数平台还是会选择其中一种作为发布信息的主要手段。

　　随着时间的推移，平台对不同方法的使用比例也会有所变化，从而适应市场。以 YouTube 为例，它曾一度过分依赖频道订阅，如今也坚定地支持内容推荐。我们从本章首页的页面截图就看得出这一变化。虽然现在频道订阅依然可以访问，也有一定的热度，但想要发现更新奇有趣的视频，内容推荐无疑是更有效的办法。

	被动 - 低可控性	主动 - 高可控性
人工监管	社交网络 用户以十分分散的方式分享信息	订阅 用户手动筛选信息来源
系统监管	推荐 系统根据历史行为分析用户偏好	搜索 用户键入搜索词条表明意图

　　信息需求程度高的人，比如学者、专家和记者，会倾向于订阅或者搜索，这两种方法具有更高的精确度和可控程度。它们还要求用户更加主动并投入更多精力，比如输入搜索词、管理订阅列表。对信息需求较低的人来说，社交网络和推荐是更好的选择，这两种方法没那么麻烦，适合观看新闻和轻松娱乐。

　　主动方法（订阅和搜索）更适用于大屏幕设备，这些设备通常用于严肃的工作或学习，其中会话时间往往较长，并且拥有键盘，可以更加准确快速地输入信息。一般来说，被动的信息传播方式更适合碎片时间、屏幕更小的智能手机。

在创办字节跳动之前，张一鸣已经积累了丰富的实践经验，对多种信息发布方法有自己的独到理解。他曾参与创办过旅游搜索引擎酷讯（2006—2008 年）、类似推特网的社交平台饭否网（2008—2009 年）和房地产门户网站九九房，在建立九九房时，他就已经开始采用搜索与基本推荐相结合的信息推广方式。张一鸣在接受采访时说：

"我创业的主题是信息的高效流动。我认为信息传播对人类社会的利益、合作和认知有很大作用……我关心的就是信息本身。无论是搜索引擎的关键词，还是以人为节点的社交网站，或是以兴趣为粒度的兴趣引擎，都建立在信息的基础上。"

为什么 RSS 注定失败——张一鸣的文章

2013 年，经过近 10 年的运营，谷歌宣布计划关闭其广受欢迎的 RSS 阅读器服务 Google Reader。此举在网上激起了轩然大波，忠实用户纷纷表达了强烈的反对，他们觉得这项服务还是非常有价值的。愤怒的粉丝在网上发起请愿，要求谷歌继续运营 Google Reader，几个小时就获得了 5 万多个签名。

张一鸣本身就是 Google Reader 的早期用户，但他一直不看好 Google Reader 的前景。作为字节跳动 CEO 的他，在百忙之中抽空写了一篇具有开创性意义的文章，称赞了谷歌的决定。他认为，尽管此举招致强烈抗议，但 Google Reader 从来都不是主流产品，其大多数忠实用户都在媒体和互联网行业工作，在这些行业中，工作的重中之重在于对信息的收集和消费。他认为，这些用户不仅需要高度自律，而且需要具备出色的信息管理技能。

"订阅模式对用户端要求太高。他们需要知道'我喜欢什么，我会订阅什么'，Google Reader 中的信息鱼龙混杂，用户难以决定是否应该订阅。"他认为，对普通大众来说，更好的方法是像今日头条一样，使用科学算法根据用户历史行为来分析其喜好。张一鸣说，设备的屏幕变小，用户的时间也更加分散，用户对信息的消费越来越零碎，信息获取的方式也日渐丰富，行为模式也会随之发生变化。谷歌在关闭 Google Reader 时也提到了同样的事实。

"作为一种文化，新闻消费已经进入了新的领域，它变成了一个持续不断的过程。"谷歌新闻和社交产品高级主管查德·金格拉斯表示，"拥有智能手机和平板电脑的用户零零散散地消费新闻，一整天都不间断。我们已经不会再像以前一样，吃早餐时顺便读个报纸，或是晚上下班回家悠闲地看个新闻。"他还补充说，谷歌正在研究"一种适用于（谷歌）产品的新闻发布手段，可以通过最恰当的手段，在恰当的时间以恰当的信息满足每个用户的兴趣"。

和谷歌的新目标一样，今日头条就是利用机器学习功能来预测用户的喜好，本质上说就是随时随地满足人们的需求。今日头条提供的不是严肃的新闻消费，而是更加悠闲的阅读体验。它呈现的信息层出不穷，不再强调内容来源，而是重新把重点放在人们的兴趣上。

世界格局

在上面的互联网信息发布模式框架背景下，我们审视字节跳动成立后不久的全球市场，可以发现像脸书网这样的公司早就对信息推荐模式敞开了怀抱。

2013 年，马克·扎克伯格宣布脸书网要对新闻来源进行一系列重大调整，他说："我们希望给每个人提供世界上最好的个性化信息。"这家美国互联网巨头意识到，采用机器学习才是保持竞争力的核心。

针对自己的信息发布，脸书网已经使用了最先进的技术，可以在亲朋好友、新闻媒体、广告和官方内容中找出最适合用户的信息组合。2014 年，照片墙调整了广受欢迎的"探索"选项卡，从而为每个用户显

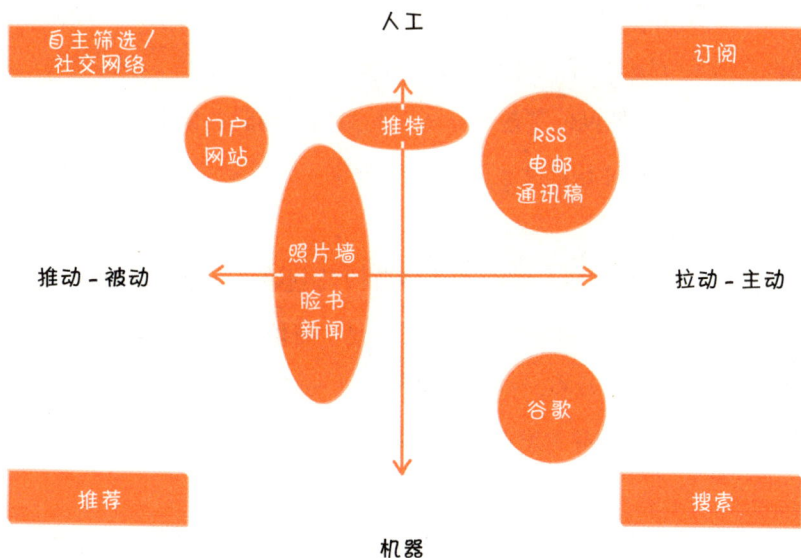

2013 年前后美国各平台使用的主要信息发布方式

示精确的个性化内容。从 2011 年左右开始，YouTube 大力优化推荐视频，将其作为增加用户黏度的最高战略。

中国市场迎来成熟时机

同样在上面的互联网信息发布模式框架背景下，我们再来分析字节跳动成立不久后的中国市场竞争动态，可以发现今日头条的定位与其他主要平台有着本质的不同。

无论是电脑搜索还是移动搜索，坐拥高精技术和高品牌认知度的百度，无疑是中国搜索引擎市场的领头羊。就像美国人平时会说"我来谷歌一下看看"，中国人也会把"百度"当成一个动词来使用。在利润丰厚的搜索引擎市场上，百度的地位无可撼动。

中国移动互联网的"超级巨头"是微信，当时的微信采用了两种方式发布信息，一种是订阅模式的官方公众号，另一种是叫作"朋友圈"的新闻传送干路。

在方方面面，"朋友圈"都体现着微信创始人张小龙的理念。在当时，他对内容推荐算法的态度往好了说是"将信将疑"，往坏了说那就是"不屑一顾"。在他看来，微信朋友圈才是人们进行真实交流的地方。在朋友圈中，用户联系人发布的内容都根据发布时间倒序呈现在屏幕上，他甚至还删除了对用户发布内容的照片审核功能。

相比之下，中国的另一家互联网巨头新浪微博，则更多地把重心放在娱乐媒体上。他们奠定自己在短博客领域的优势地位，并不是通过研

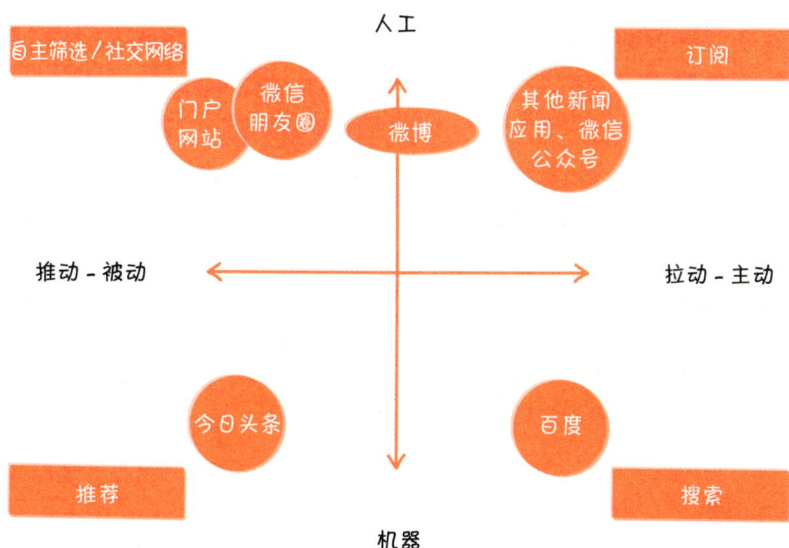

2013 年前后中国各平台使用的主要信息发布方式

发最先进技术或带给用户最好的体验，而是通过吸引大量明星和媒体加入平台。

微博根据用户订阅的账户对用户进行标记，并以此作为用户总体兴趣的指标，从而进行内容的推荐。但新浪并没有将这种还比较粗糙的推荐技术视为自己的核心业务驱动力，而是把精力放在了平台管控，以及从公众人物身上榨取价值上，并将业务扩大到中国下层地区的广大用户群中。这个市场虽才刚刚冒尖，但拥有无限的潜力。把钱花在研发更好的内容推荐技术上，在新浪眼里的优先级并不高。

在那时，许多市场领先的综合新闻平台上，哪些内容需要突出展示仍然依赖于人工编辑人员来决定。当时，大多数智能手机新闻应用程序都是电脑应用程序的复制品。基于兴趣的内容渠道（如金融、生活方式、体育）的订阅量多少，与它能提供的个性化程度有关。

在这种竞争激烈的宏观环境中，竟然还存在着一片巨大的空白，今日头条有着充裕的发展空间。像所有拒绝张一鸣 B 轮投资的风险投资者一样，没有一家大型平台意识到内容推荐技术的重要性。令人难以置信的是，就连移动领域的"老大"微信也对这项技术持怀疑态度。

业界一致认为，即使推荐技术确实证明了其优越性，但这项技术也会很容易被复制。在已经如此拥挤、竞争激烈的市场上，想要活得长久且赚取利益，靠这项技术可撑不下去。

字节跳动即将证明，他们都错了。

第四章

在中国，是信息在阅读你

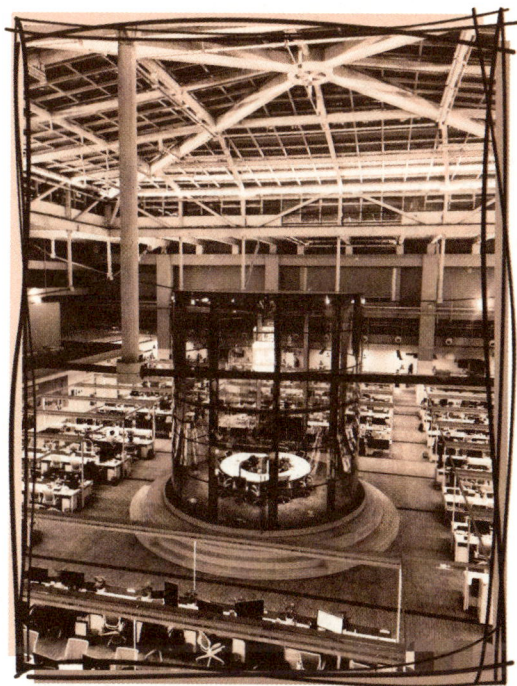

前中航广场航空博物馆、字节跳动北京总部中心的"大玻璃鱼缸"会议室

我们建立了全球最大的信息内容机器学习平台。这就是我们的秘密武器。

——字节跳动 AI 实验室总监李磊

章节大事记

2012年9月：今日头条个性化推荐系统上线

2013年8月：张利东加入字节跳动，领导公司进行商业化

2014年：杨震原加入字节跳动，任技术副总裁

2015年1月：字节跳动冲绳年会召开

2016年2月：字节跳动迁址中航广场

2012 年年中，字节跳动技术团队的收件箱里，出现了一封题为"推荐引擎"的电子邮件。张一鸣下定决心，要全力推进一项他认为对公司未来至关重要的大事。他在邮件中写道："想做好信息平台，就必须做好个性化推荐引擎。你们准备好了吗？"

今日头条早期的推荐系统，也就是他们的"个性化技术"，在当时还比较粗糙。打开应用程序，用户会被大量的热门阅读文章轰炸，获取他们的注意力。接下来，系统会显示一些更具指向性的文章，引特定用户群点击，以此测试并判断用户的喜好。比如，会点击女性车模文章封面预览图的用户，大概率是男性；经常阅读"心灵鸡汤"类型文章的用户，八成是老年人。另外，系统还会对用户的一些基本信息进行补充分析，比如手机型号、地理位置以及打开应用程序的时间等。

这样的开头还算不错，但离张一鸣的期望还差得远。他希望成为行业中的佼佼者，最大限度地发挥这项技术的潜力，从而获得超越其他技术的长久优势。然而，要想超越目前的水平，他们还面临巨大的技术障碍。当时字节跳动的技术团队还很小，他们在搜索引擎和移动应用程序的开发上还有些经验，但要开发最先进的个性化推荐引擎，则需要更加深厚的专业知识和过硬的专业能力。团队里很多人都曾表示担心，觉得这支队伍并没有这样的技术能力，没办法实现张一鸣的长远目标。但花高价从外部聘请专家也不现实，首先，他们不过是一家只有几十人的创业小公司，办公室还是由民居改造的；其次，在中国很难找到拥有这种专业知识和能力的人。

固执的张一鸣选择坚持下去。在他看来，他们固然可以选择稍加创新，乘着移动互联网浪潮取得差强人意的成功，也可以全力以赴、一鸣惊人，实现真正创造价值的根本突破。为做表率，张一鸣首先做出承诺："做不出推荐引擎，那就去学。这次会议结束后，我会第一个采取行动。"

张一鸣的动力之一，源自一本即将出版的专著《推荐系统实践》。这本书简直就是为字节跳动量身打造的，作者是当时中国国内顶尖的机器学习专家之一项亮。张一鸣亲自联系了当时在直播网站 Hulu 担任研究员的项亮，想要一本《推荐系统实践》，但因该书尚未出版而遭到拒绝。沮丧之下，张一鸣决定自学，专心研究他在网络上能找到的一切资源。讽刺的是，几年之后，项亮最终加入了字节跳动，成为公司人工智能实验室的机器学习重要专家之一。后来张一鸣谈起这次事件时称，项亮的拒绝大大耽误了字节跳动推荐引擎能力的提升，也反映出"真正下定决心做推荐引擎的公司屈指可数，而且大都失败了"。

破釜沉舟的决心和刻苦自学固然有用，但最终，字节跳动取得的最大突破，还是源自对外部人才的引进。只有从其他组织中吸收丰富的专业经验，张一鸣才有希望打造出一流的推荐引擎。而在当时的中国市场，刚好有一家公司能够提供这样的顶级人才，那就是搜索巨头百度。

和字节跳动一样，百度的总部也设于北京。百度是中国最大的互联网公司之一，也因人才辈出而享有盛誉。谷歌退出中国市场后，没了竞争压力的百度独占鳌头，享有相对安全的市场地位。在字节跳动刚刚成立的时候，张一鸣觉得百度是自己最大的竞争对手。百度公司的算法人才储备给他造成了巨大的压力，他还认为，在自己想要开拓的推荐引擎领域里，百度是最有能力拔得头筹的公司。

但张一鸣运气不错，等百度意识到个性化推荐的重要性时，为时已晚。在搜索业务领域，百度一家独大、利润丰厚，就算在移动通信这个新领域落后，他们也根本不在乎字节跳动带来的威胁。尽管百度被媒体吹捧为"中国的谷歌"，但这种比喻其实不算恰当，毕竟百度没有机会控制占主导地位的智能手机安卓操作系统。同时，百度也因派系内斗和管理层臃肿而遭到诟病。一直有传言称，百度创始人兼首席执行官李彦宏的妻子才是公司重要决策的拍板人。

2014 年，字节跳动从百度挖来了 9 年老员工、搜索部副总监杨震原，由此迎来了第一次技术突破。杨震原刚一入职便被授予技术副总裁头衔，并开始着手策划一次重大的技术升级。

跟随杨震原的脚步，许多来自百度的程序员前赴后继地加入字节跳动。字节跳动也拼尽一切，以丰厚的薪酬和股票期权，从百度丰富的技

2014 年年初，字节跳动总共只有差不多 100 名员工

术人才库中挖来了不少骨干。2015 至 2016 年，在引进陈雨强、朱文佳等鼎鼎大名的百度技术人才后，字节跳动摆脱了过去的技术桎梏，在推荐引擎技术方面创造出了长久优势。朱文佳后来带领团队负责开发抖音和 TikTok 所使用的原创推荐系统。

截至 2016 年，字节跳动的技术水平已经大大提升，他们甚至尝试使用算法自动生成内容的方法。在当年的奥运会期间，字节跳动开发了一个可以撰写原创新闻的自动程序，不仅能比传统媒体更快地发布重大事件的报道，其遣词造句也丝毫不亚于人工编辑。

推荐系统成为字节跳动的核心技术，无论是抖音上的短视频、今日头条上的文章，还是内涵段子上的搞笑动图，其根基都在于推荐技术。

推荐

2018 年 1 月，字节跳动于北京召开了一次公开会议，向公众透露了他们算法工作的细节。会议上，字节跳动高级算法架构师曹欢欢详细介绍了推荐系统的运行原理。我们接下来就对他的演讲进行一些分析：

字节跳动的系统以三种概要为中心：内容概要、用户概要和环境概要。为说明内容概要，曹欢欢提到了一篇关于英超利物浦和曼联足球比赛的新闻，以此为例。关键词是通过自然语言处理技术从文章中提取的，在本例中是"利物浦足球俱乐部""曼联足球俱乐部""英超"，以及比赛中几个关键球员的名字，如"大卫·德赫亚"。

接下来，系统会给关键字指定相关性程度值，在上面这个例子中，

"曼联足球俱乐部"是 0.9835，"大卫·德赫亚"是 0.9973，都是相关性很高的词条。内容概要还包括文章发表的时间，这有助于系统计算文章何时过时并停止推荐。

用户概要则是基于很多信息来构建的，包括浏览历史、搜索历史、使用的设备类型、设备位置、年龄、性别和行为特征。系统会基于社会数据和用户行为挖掘，将用户划分为成千上万个不同类别，并构建不同的用户档案。

当你阅读平台推荐的帖子时，它会通过跟踪你的行为来了解你的偏好：你选择阅读什么，你选择拒绝什么，你花了多长时间在一篇文章上，你评论了哪些文章，你选择分享哪些故事。

最后，环境概要是基于用户消费信息时身处的地点所构建的，比如在单位、在家中，或在地铁通勤期间，毕竟人们的偏好因所处情况不同会有所变化。其他环境特征包括天气，甚至用户互联网连接的稳定性，以及他们使用的网络（例如 Wi-Fi 或中国移动 4G）。

系统会计算内容概要、用户概要以及环境概要之间的最佳匹配度，从而提升文章的点击量以及阅读量（也就是用户在文章页面的停留时间）。

在这个内容分发过程中，系统会根据每一篇新发文章的质量以及其潜在读者群体量，为该文章分配一个"推荐值"。推荐值越高，就说明接收到这篇文章的读者越有可能感兴趣。同时，在用户和文章交互的过程中，推荐值也会实时变化。积极的互动如点赞、评论和分享会增加推荐值；消极的行为如点踩和阅读时间短会降低推荐值。随着内容逐渐过时，推荐值也会随着时间的推移而降低。像体育以及股票价格这种价值周期短的新闻类别，只是一两天时间推荐值就会大幅下降。而对价值周期更长的生活方式、厨艺等类别，推荐值下降的时间就会相对漫长。

　　推荐给新用户的前 100 篇文章十分重要，数据显示在第 100 篇文章后，用户留存率开始明显下降。这一数据就像夜空中的"北极星"，确定并量化这一关键指标，与早期脸书网团队专注于让新用户在 10 天内增加 7 个好友的做法不谋而合。据脸书网前副总裁查马斯·帕利哈皮蒂亚说，脸书网早期团队只在意这个增长指标，"别的什么都不关心"。字节跳动在这一方面所做的努力，带来了高达 45% 的留存率，与主流社交网络的联系更加紧密，同时其产品也是世界上用户平均使用时间最长的应用程序之一。

　　这一核心系统最开始用于今日头条的文章推荐，后来稍加升级运用在了 TikTok 和抖音的短视频推荐上。所有这些应用程序都使用相同的字节跳动后端推荐引擎系统。视频推荐就更难了，因为上传者往往没有提供关键字标签或准确的标题和描述，所以对系统来说，判断视频的具体内容是一项巨大的挑战。

　　依靠推荐来提高用户黏度的好处在于，随着时间的推移，它可以创

造一个不断改进发展的良性循环，通常被业界称为"数据网络效应"。人们使用应用程序的时间越长，用户档案就越丰富，系统也就能提供更准确的内容匹配和更好的用户体验。自然而然，人们也会因此把更多的时间花在应用程序上，用户资料又进一步丰富，不断循环发展。

虽然这种良性循环效果很棒，但也不可能永远持续下去。用户体验的改善速度刚开始很快，但随着时间推移，用户资料越来越丰富，系统所画的用户兴趣图谱就变得越来越详尽和准确，改善速度会变慢。

字节跳动这套系统还有一个局限，那就是人工必不可少。虽然他们一直声称自己是纯技术驱动的公司，不再对内容进行人工编辑，但这种说法多少还是有些误导人。这套系统依然十分依赖人工操作，需要一大帮工作人员来执行一些基本的重复性任务，比如标记要点文章和手动检查内容，这些任务也对机器学习有帮助。能够准确提取关键词条对于推荐技术非常重要，但光靠自然语言处理技术，机器学习也只能走到这儿了。

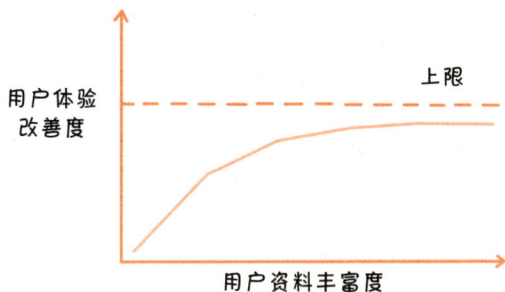

再者说，无论字节跳动的推荐系统多么准确，只是比竞争对手拥有更好的产品还远远不够。如果要迅速扩大今日头条的用户群，并将公司的估值提高到一家独大的水平，字节跳动团队必须掌握一门暗黑艺术：成长黑客。

成长黑客——中国风格

深圳机场 3A 号仓库里存放着成千上万部手机。墙边的一排排货架上堆满了刚从工厂生产线上制造出来的新手机，一眼望不到头。当天晚些时候，所有产品都将装上飞机，运往中国各大城市，经由省级分销商、次级分销商和零售商组成的错综复杂的网络，最终来到消费者手中。

清晨，一群身穿灰色工作服的年轻男女排着队，准备上班。在外人看来，他们就是普通的仓库工人，整天都要做装卸货物的工作。但事实恰恰相反，这支队伍有一项与众不同的任务。"大家都明白流程吧？每批次 12 部手机，只能用 5 分钟，一秒钟都不能多。开始！"组长喊道。紧接着他们就热火朝天地投入工作中了。

接下来一整天，他们都要做重复的事，顺序是这样的：

首先，用特殊装置往手机包装盒上吹热气，直到胶带脱落，接着小心地打开手机盒，确保一切都处于原始状态。然后，将手机连接到屏幕约为 iPad 大小、有 12 个 USB 端口的机器上。点击屏幕上的选项，点击"确认"，再等待一段时间。待机器完成工作后，拔出 USB 插口，再把手机放回原位，重新密封。

工人们日复一日重复着这个整体时长不超过 5 分钟的流程。这种机器只要连续工作 8 个小时以上，就足以覆盖 10 万台中低端安卓设备。这么做的目的是在每部手机上批量预装十几个额外的应用程序，其中就包括今日头条。

在北京，张一鸣和高管曾强像往常一样在整理预装电子表格。每个分销渠道和制造商的总安装量和应用程序激活数量，一个个数字按顺序整齐地排成一行。他们对多个因素进行了详细分析：30 天保留率、设备型号、A/B 测试及应用程序在中国无数城市和乡镇的覆盖率。字节跳动为了吸引新用户和高速发展，开发出了一套复杂但有效的模式——在手机出厂后、消费者购买前，就与分销商达成协议，在手机上预装应用程序。

即使是按照中国互联网行业的标准，智能手机预装应用程序的市场也是一团乱麻。然而该领域需求一直很高，因为这么做性价比非常高，可以大规模接触低端或中端安卓设备的用户。字节

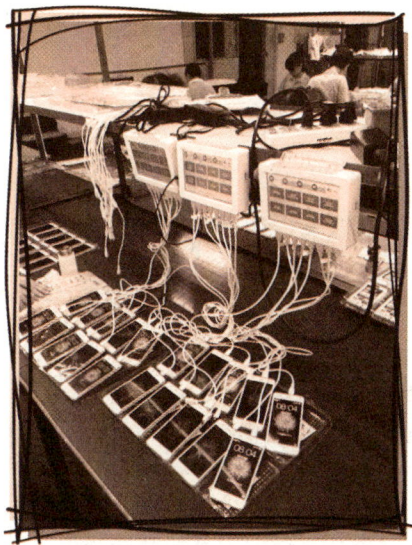

三台正在运行的手机应用程序预装机器，拍摄于深圳

跳动刚开始花钱预安装应用程序时，费用约为 0.4 元 / 台（约 0.06 美元 / 台），这在当时高于市场价格，但考虑到过去四年价格持续上涨至 12 元（1.68 美元）以上，这个价格算是非常便宜了。

这个方法之所以行得通，是因为大多数消费者要么不了解行情，要么根本不在乎手机上应该装什么程序。买家关注的是硬件的价格、品牌和规格。除了安卓操作系统，设备上的任何软件对大多数人来说都无关紧要。许多预装的应用程序要么被删除，要么人们出于好奇只点开过一次。但只要是点开了今日头条的用户，都会被它所吸引。阅读新闻和其他网络内容是一种高频率的活动，对大多数人来说是一种稳定的需求。今日头条的图标是一份报纸，上面有一条鲜红的横幅，写着"头条"两个大字，这款应用的用途就十分明显了。如果用户点开了预安装的今日头条，就有机会进入数据摩天轮的循转，从而丰富系统的用户配置文件，

并开始接收个性化内容。如果用户养成了使用今日头条的习惯，通常就不会删除这个应用程序了。

很少有零售商会质疑预装应用程序的做法，一是因为大家都这么做，二是因为在这个竞争激烈、利润微薄的行业里，这么做也能多挣点钱。随着预安装应用程序变得更加有利可图，分销链中多个级别的分销商和代理商都接受了这种做法。先是制造商安装了一些应用程序，接着第一级经销商再安装一些，第二级经销商再来一轮，甚至零售商店本身也可能进行预安装。

一项全国性的电视新闻调查着重报道了一起事件：有人买了一部预装了 60 多个应用程序的新手机，由于运行的程序太多，而手机的内存只有几百兆字节，设备的性能受到了严重影响。更糟糕的是，还有不少人使用重新安装整个手机操作系统的方法来预装应用程序，以这种方式加载到手机上的应用程序通常会被授予系统根权限，这样就无法被卸载了。

在分销链的任何一个环节中，后来的安装过程都有可能导致之前安装的程序被删除，对字节跳动这样的应用程序开发者来说，这是很大的风险。就算和华为或小米等上游厂商达成了在手机上预装今日头条的协议，也可能在下游经销商的一通操作之下，之前的所有努力都付诸东流。市场给出的解决方案是让开发者只为激活的应用付费，但这又使得上游的制造商处于不利地位。他们基本上没办法控制下游分销渠道，更无法控制用户是否打开和使用预装的应用程序。

这样一来，像字节跳动这样的开发者只能去和更小的分销商与本地仓库谈生意，最后甚至需要与个别商店合作，才能确保应用程序不会被删除，到达最终消费者手中。中国二线城市的店长可能会吃到不少回扣。一家商店一个月的手机批发和零售销量通常会达到 2000 部。如果每部手机预装 25 款应用，平均售价 2 元，那么店长每月的收入将达到 10 万元

未激活程序

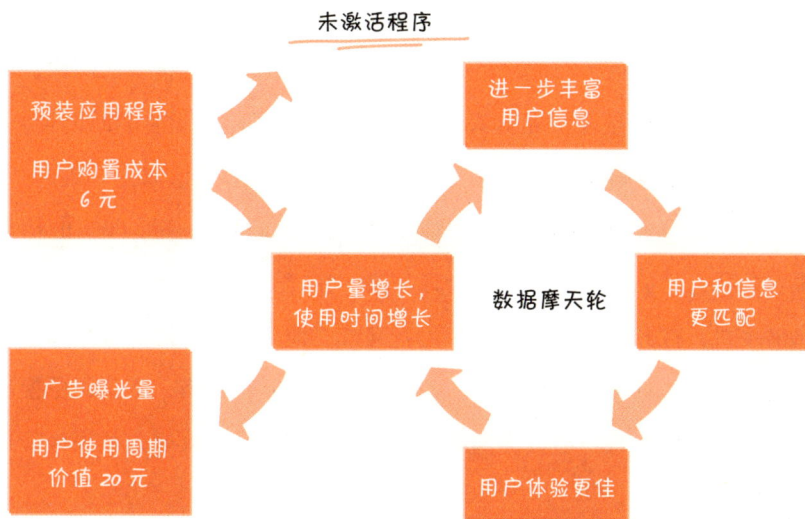

预装应用程序

用户购置成本
6元

进一步丰富
用户信息

用户量增长，
使用时间增长

数据摩天轮

用户和信息
更匹配

广告曝光量

用户使用周期
价值 20 元

用户体验更佳

应用程序预安装模式（货币值说明）

（约合 1.4 万美元）。作为购买过程的一部分，店员会帮助客户设置手机、插入 SIM 卡、设置密码、签署保修协议和介绍一些更有用的手机快捷方式，并借此机会激活预装的应用程序。通过这种方式，商店经理可以保证几乎百分之百的激活率，因为店员在销售过程中就可以激活应用程序。

字节跳动选择在应用程序预装上投入巨大资金，并且经常以高于市场的价格来寻找最佳合作伙伴，最终改变了行业内的权力平衡。其他应用程序开发商抱怨说，字节跳动把预装应用程序的成本都抬高了。此外，张一鸣还率先接受了基于安装数量而不是激活量的收费方式，这一举动对制造商非常有利。

为了提升安装量，还有一些不太传统的方法，比如雇用"地面推广"公司的服务。他们的典型策略是招募一批女大学生，在街上拦下行人，并鼓励他们安装某个应用程序，安装好后可以换取礼物或少量现金奖励。这类方法在年轻人身上效果不好，但不出所料，老年人就很吃这一套。

在今日头条进入市场早期，字节跳动通过预装应用程序积累了数千万用户。这导致了公司的核心用户群是使用廉价安卓设备的用户，其中许多设备是在预装了今日头条的情况下被购买的。随着时间的推移，这一群体的内容偏好开始极大地影响公众对字节跳动的认知。

这样的现实并没有改变张一鸣的想法，他说自己每天 60% 的信息源自公司自己的产品，主要是今日头条。在接受媒体采访时，张一鸣曾拿出手机，打开今日头条主页与记者交谈。他一边滚动浏览着页面，一边称赞着系统的推荐准确性。行业合并报告、股票上市、某公司更换高管：他说这里面每一项内容都准确地满足了他的个人喜好，并为他带来了价值。

夹在行业新闻文章之间的是两个图片标题——"篮球宝贝"和"车展模特"，这正是这款应用程序臭名昭著的低俗内容。"这些数据也是系统准确计算出来的？"记者犹豫着问。

也该赚钱了

不可否认，通过各种方法积累新用户并给他们提供标题诱饵带来了良好的用户增长势头。下一个挑战就是要转变方向，把重点放在随后的流量变现发展阶段上。最简单的方法就是在今日头条的信息推送中直接插入广告。

公司的设想很简单：利用和应用程序一样的内容推荐技术，根据用户数据来推送个性化广告。这种模式有比较大的操作空间，也有自动化的可能性，而且在保证适度的情况下，不会招致用户的反感。

字节跳动最初面临的挑战只是本地市场对移动广告有效性的怀疑。这种观点现在看来虽然不可思议，但当时很多业内人士都觉得手机屏幕太小，不适合做广告。当时，手机广告大多采用横幅广告或闪屏广告等形式，转化率低，用户体验差。由脸书网首创的新闻提要广告在美国市场的知名度远远高于中国。

在台式机时代，大多数中国品牌广告商不信任网络广告。他们固执地坚持传统媒体，不愿转型，导致中国在数字广告领域远远落后于美国。在21世纪第2个10年的中期，中国最受欢迎的手机新闻源是微信的"朋友圈"，它的做法是积极回避广告以保护用户体验。微信的母公司腾讯之所以有能力这样做，要归功于一种已经证明价值的商业模式，这种模式依赖于与微信间接相关的业务，比如游戏中的微支付以及优质音

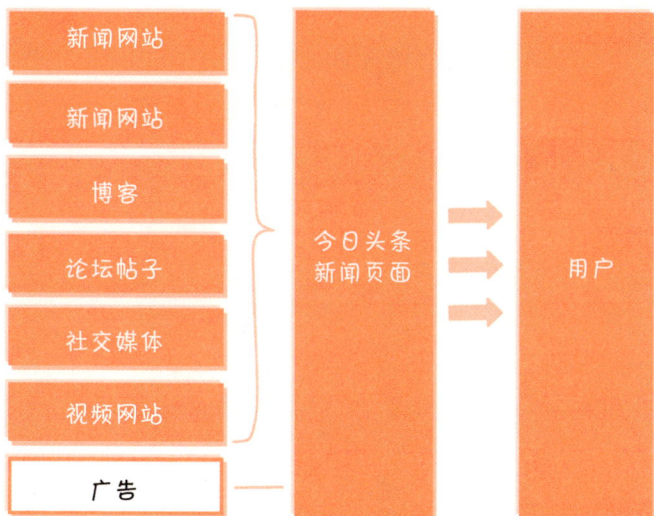

新闻网站

新闻网站

博客

论坛帖子

社交媒体

视频网站

广告

今日头条
新闻页面

用户

今日头条整合了互联网上多种形式的内容，并不时将其与广告
一起以单一的个性化新闻提要形式提供给用户

乐和视频内容的订阅。

张一鸣心里很清楚，想要带领字节跳动实现商业化，他必须找一个在广告领域有经验、有人脉，而且本身就有能力、有野心的合伙人。他最终找到的这个人，今天已经成为字节跳动中国区的董事长，他就是张利东。张利东是字节跳动旗下 36 家分公司的法定代表人，这体现了张一鸣对他的绝对信任。可以说，张利东就是公司的二号人物。一位前副总裁曾称："字节有两个人不可或缺，一个是张一鸣，另一个是张利东。"

张利东比张一鸣大 4 岁，中等身材，鼻子宽宽的，留一头黑色短发。他来自山西临汾最贫困的山区。临汾有 400 多万居民，位于荒凉的内陆省份山西南部。山西省拥有中国大约三分之一的煤炭储量。

刚参加工作时，张利东做了 8 年多的记者。雄心勃勃的他来到了首都北京，加入了《京华时报》的经济新闻部，并最终决定报道汽车行业新闻。他迅速晋升，成为主编，后来又达到副总裁级别，成为国内最年轻的广告总经理之一，一时声名大噪。然而，张利东这颗新星冉冉升起之时，报纸行业的势头却急转直下。此前，《京华时报》是中国报业发行量最大、业务最好的报纸之一。然后互联网出现，读者数量锐减，带来了严重的影响。仅仅几年时间，张利东的前雇主就在 2017 年元旦全面停刊。

张一鸣想要把张利东纳入麾下，于是邀请他来聊聊。一进会议室，张一鸣就在一块小白板上写下了"用户量、点击率、转化率、单价、CPM（千人成本）、CPC（每次点击成本）"几个术语，并列出了一长串复杂又深奥的计算公式。随后，这位懂技术的老板花了几个小时解释这些方程式的推导过程。张利东后来坦言，自己一点也没听懂，但这无关紧要，因为张一鸣用数学推导广告盈利模式的方法让他大开眼界。

加入字节跳动不久，张利东就带领公司迈出了进军广告界的第一步。

他找到的第一个愿意试试字节跳动广告的客户，是中国零售品牌国美所经营的一家家电卖场，这个卖场距离他们在北京北部的办公室只有 10 分钟车程。

在当时，字节跳动还没有构建支持广告插入的后端系统，所以进行这次测试时，他们直接把广告硬编码插入了新闻推送中。第一条广告内容是家电卖场的促销优惠券，在读到广告后，用户去到卖场，并在结账时向工作人员出示这条广告，就可以兑换一瓶食用油。在中国，食用油是一种非常常见的促销礼物，老百姓家里做饭炒菜都少不了食用油。

一开始，只有卖场方圆 3 公里范围内的用户才会看到这则广告。一个上午过去了，店内却空无一人。范围扩大到 10 公里后，就有十几个人过来兑换了优惠券。于是广告小组继续扩大范围；最后来了 100 多人，所有的食用油都被兑换一空。虽然这次广告有地理限制，范围也不大，但广告团队还是对这次小小的成功感到兴奋。张一鸣后来说，这让他想起了史蒂夫·乔布斯的传记，在传记中，这位传奇企业家提到自己 17 岁生日时从父亲那里收到的破旧汽车。"再怎么说也是辆车嘛。"乔布斯乐观地说。

"对于我们的第一条广告我也是这么想的。"张一鸣开玩笑说。

在张利东的带领下，今日头条的销售团队在短短两年内从 5 人发展到了几百人。在传统报纸业摸爬滚打过的张利东汲取了一身经验，并将其灵活运用到线上广告业务中，甚至还走出去与中国各地的地面推广人员面对面地会见客户。他们的第一批重要客户就来自张利东在北京与汽车制造商积累下来的工作关系。

字节跳动的整个员工队伍有相当大一部分由销售人员和专注于商业化的员工组成，由张利东负责监管。他带领团队销售广告，并为字节跳动的所有应用程序开发商业化战略，这种模式可以减少浪费、重叠和团

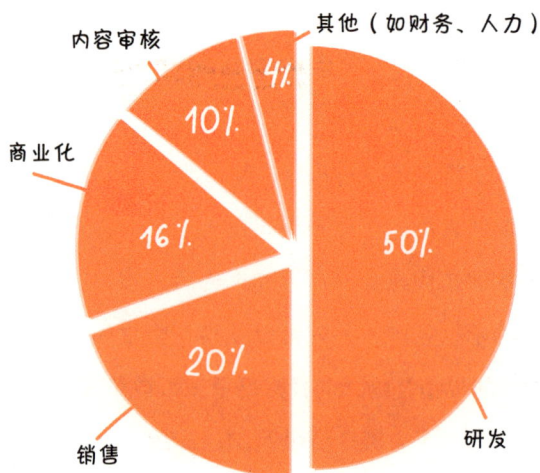

字节跳动中国区的工种分布预估值。销售和商业化团队合计占员工总数的 36%

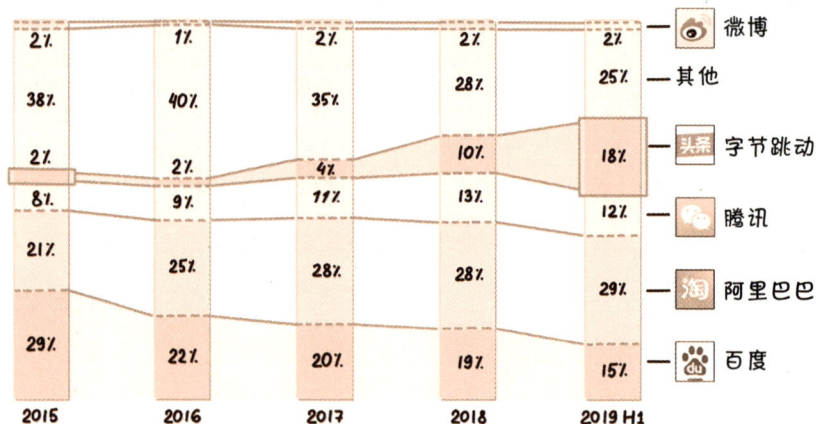

字节跳动在中国网络数字媒体市场的份额从 2015 年的 2% 增长到 2019 年上半年的 18%，成为第二大参与者。在同一时期，百度的市场份额从 29% 下降到 15%

队之间的内部竞争。

据报道，字节跳动的广告收入从 2014 年的 3 亿元人民币和 2015 年的 15 亿元人民币飙升至 2016 年的 80 亿元人民币左右，与中国老牌三巨头腾讯、阿里巴巴和百度不相上下，跻身一流水平。

放到同样的时间框架内进行对比，字节跳动这种爆炸式的增长速度，甚至超过了谷歌和脸书网等广告巨头。

TMD，互联网行业新巨头？

字节跳动不再是一条小鱼，它已经成为中国互联网生态系统的一个重要组成部分。张一鸣被邀请参加中国最负盛名的各种行业聚会。公司员工人数猛增，办公室变得拥挤不堪。可用空间越来越少，员工们必须分散到七八个不同的地方。有人这么形容张一鸣的办公室："进去 5 个人，就连转身都不行。"最后，他们不得不搬走了。

新的总部大楼位于中航广场，他们不需要与其他人共用场地，这片办公区域完全属于他们自己，距从前的办公室不到 1 公里，仍在北京知春路沿线。而办公楼的装修风格开始有点像一家现代的硅谷科技公司，墙上装饰着时髦的涂鸦，还设有健身房、游戏室和存货充足的自助餐厅。新总部中航广场的特点是天花板很高，中央空间很大。以前这里是一个巨大的航空博物馆，而现在，这里已经成为"注意力工厂"。

一个新名词 TMD 开始出现在中国的科技媒体上，用来形容互联网新星，他们是百度、阿里巴巴和腾讯等老牌卫士的挑战者。

T 代表今日头条。直到 2018 年，中国媒体还一直把字节跳动称为"今日头条"。

M 代表美团，是一家领先的在线食品配送和餐厅评论平台，由张一鸣的朋友王兴创立。

D 代表滴滴出行，中国的线上网约车服务，相当于优步。

2015 年，在中国最负盛名的互联网大会乌镇峰会上，张一鸣站在后排最左边的位置。相比之下，阿里集团董事局主席马云、腾讯首席执行官马化腾、百度首席执行官李彦宏和领英创始人里德·霍夫曼都站在中国领导人的背后。

张一鸣也学会了更加注意自己的外表。他的员工曾说："有时候因为晚上睡姿不好，他的头发总是翘起来好几缕。"在职业生涯早期，他曾受马克·扎克伯格的高效着装习惯启发，一次性购买了中国某服装品牌 99 件一模一样的 T 恤，然后每天一换，连穿了 99 天。现在他衣冠整洁，有时在公众场合都会穿西装了。

有一次，张一鸣前往美国参加互联网行业论坛，他被拍到和微软创始人比尔·盖茨坐在一起，神情轻松。张一鸣的大学室友梁汝波惊呆了，问他："你怎么习惯的？"张一鸣却答道："我没习惯。"

然而与此同时，字节跳动明显成为自己创造的成功的牺牲品。中国的互联网公司并不羞于抄袭竞争对手，所有传统的中国互联网巨头都在复制今日头条的每一项小创新和产品特色。

大家都看到了个性化的影响力，它已经成为所有信息平台的标准。这大大削弱了今日头条的优势。今日头条在中国首创的新闻和娱乐内容滚动订阅功能，在各种搜索引擎、浏览器应用等基于信息的应用程序中也都能看到了。并且，随着市场饱和，今日头条的增长速度将不可避免地在几年内大幅放缓。公司需要考虑其他的增长方式了。

视频，新的领域

当张一鸣宣布公司 2015 年年会将在冲绳小岛举行时，员工们欣喜若狂。再过几天，他们就可以去享受东南方近 2000 公里外浪漫日本岛的新鲜空气和温和气候了。在中国科技行业沉迷于工作的"996"文化中，让全体员工乘飞机去度个小假简直闻所未闻。冲绳之行的消息甚至进入了行业媒体，他们阴阳怪气地说："享受懒散的阳光真是最好的回报。"

开完年会后，张一鸣安排几位经理随便找了家居酒屋见面。在品尝特色菜和当地清酒的兴奋气氛中，话题转向了公司未来的发展方向。张一鸣提出了自己的想法："也许是时候试试短视频了。"

2015 年，字节跳动员工在冲绳岛拍照

即使是在 2015 年，短视频类的手机应用在中国也不算新鲜。在过去一年里，许多行业巨头都投入巨资推广自己的短视频应用程序。城市白领们一定会注意到，地铁站里张贴着腾讯微视和新浪秒拍的广告。而且一些有远见的赢家早就进入了这个市场，像美拍、快手这样的本地应用已经非常成熟，拥有大量的活跃用户。许多人觉得，字节跳动已经错过了这个机会。

另一方面，字节跳动的信息应用程序已经有大量的视频内容了。过去一年，今日头条增加了专业制作的视频内容，通常是一到五分钟的视频，观看率很高。此外，他们还推出了几项奖励计划来吸引视频创作者，并且成效颇丰。

短视频的兴起正值中国移动互联网和基础设施显著改善之际。4G 网络这时已经成为标准，咖啡馆和餐厅的免费 Wi-Fi 无处不在。随着分辨率的提高，手机屏幕越来越大。手机视频内容蓬勃发展的条件已经成熟。

对字节跳动来说，这将是一个全新时代的开始，整个公司将被彻底重新定义。

第二部分

THE FRONT END

Full-Screen Short Video

前 端
全屏短视频

第五章

从巴黎到上海——
Musical.ly

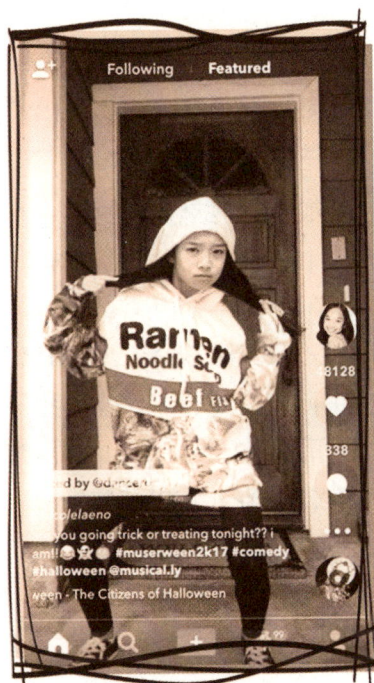

音乐短视频应用 Musical.ly "达人" 妮
科尔·拉耶诺的截图，她当时 12 岁

毫无疑问，这是我们见过的最年轻的社交网络。
——加里·维纳查克

章节大事记

2013 年 1 月：Vine 是一款很流行的 6 秒循环短视频应用程序，一经上线就大受欢迎

2013 年 6 月：照片墙增加 15 秒视频分享功能

2013 年 7 月：巴黎的一个小团队想出了全屏竖屏音乐短视频的创意

2013 年 10 月：Mindie 在苹果应用商店首次亮相

2014 年 1 月：Mindie 宣布获得种子基金，并搬迁到加州

2014 年 4 月：初版 Musical.ly 上线

2015 年 1 月：对口型应用程序 Dubsmash 风靡全球

2015 年 4 月：《对口型假唱大赛》在美国 Spike TV 首播

2015 年 7 月："不要评判我"挑战走红，助力 Musical.ly 登上了美国应用商店的榜首

2016 年 5 月：Musical.ly 获得 C 轮融资 1.33 亿美元，使其总估值超过 5 亿美元

2016 年 10 月：推特宣布关闭 Vine

　　2013 年一个炎热的夏日，在巴黎市中心里昂火车站附近的一个小地下室里，四名年轻人敲击着苹果笔记本电脑。这四位好朋友都是大学生，分别是格雷瓜尔、克莱门特、西蒙和斯坦尼斯拉斯，他们都曾在国立美术学院学习。西蒙是技术水平最高的，毕业于欧洲理工学院的工程学院。这个小小的创业团队热爱电影和技术，因为共同的爱好而紧密地联系在一起。现在，他们正在尝试开发苹果手机应用程序。

　　他们的第一个尝试是一款名为"Ever"的应用，其功能是帮助用户创建协作故事专辑。尽管有着精美的设计，但它既不是原创的创意，也没有多大的用处。最后，这款应用失败了。他们努力了几个月，但现在是时候面对残酷的现实了：他们必须放弃该项目，重新开始。

　　为了寻找灵感，团队开始下载和分析很火的应用程序。Vine 是一个6 秒视频分享平台，几个月前刚刚上线，一夜之间就走红网络。Vine 的试用版引起了轰动，据报道，推特网联合创始人杰克·多尔西甚至在这款应用正式发布前就斥资 3000 万美元收购了该公司。与此同时，照片墙也添加了 15 秒视频分享的功能。

　　随着这支小型团队继续研究 Vine 和其他短视频应用，他们发现还有很大的改进空间。Vine 和照片墙均使用方形框显示视频。考虑到苹果手机屏幕的垂直尺寸，他们认为视频自然也需要竖屏播放，把整个屏幕都利用起来。

他们制作了一个测试版本，来评估这个概念的效果。视频占满了整个屏幕，就不再有滚动的消息源，如何切换视频的问题随之出现。团队决定尝试使用向上滑这个动作。效果非常好。从一个视频切换到另一个视频，给人们带来了惊喜和期待。人们永远不知道向上滑之后会出现什么样的视频。

See & share beautiful looping videos

Vine

- 滚动消息推送
- 矩形屏幕高宽比视频
- 视频大约覆盖了屏幕的一半
- 账户信息、评论、赞都独立于视频显示
- 主页图标位于左上角，点击可出现下拉菜单

2013 年 Vine 的界面和徽标

早期，苹果手机的摄像头还很简单，但照片墙滤镜为苹果手机拍摄的普通照片增添了专业的感觉，四人团队非常喜欢。视频也可以有类似的功能吗？他们很快从音乐中找到了答案。在视频中添加音乐，和给图片添加滤镜的效果是一样的。通过将专业生成的音乐与用户原创的视频融合在一起，可以立即为视频增添趣味，堪称一种快速简单的办法。

"音乐是创造力的催化剂。"格雷瓜尔在后来的采访中解释道，"拍摄有趣的视频很复杂，但如果给一个糟糕的视频配上音乐，它就会变得很有意思。"

起初，他们选择了一种设计序列，只有在视频拍摄完成后才能添加音乐。这与照片墙的功能差不多：必须先选好照片，才能加滤镜。后来他们意识到，他们可以把这个想法反过来。用户可以先选择音乐，然后一边播放音乐一边拍摄视频。斯坦尼斯拉斯解释说："这把你的摄像头变成了卡拉OK工具。"

更妙的是，该团队发现了一个开发者应用程序接口，允许他们访问iTunes上销售的所有音乐的30秒试听。这简直太棒了。他们可以访问大量的歌曲，包括iTunes的独家曲目。流行歌曲的试听正好从朗朗上口的高潮部分开始，真可谓完美到了极点。此外不能有更多要求了。

原型正在制作之中。在地下室，团队需要做出选择：如果视频占满了整个屏幕，那菜单和关于视频的信息放在哪里？答案是将其覆盖在顶部，而且只显示最低限度的信息，比如视频标题、创作者名称、"赞"和"分享"图标、所播放曲目的图标，以及一个创建新视频的大加号按钮。

应用Mindie上的一段视频，拍摄于2014年1月，一名穿着巴黎圣日耳曼队服的足球运动员顶着一个足球，视频中播放的歌曲是艺人德雷克的《最差行为》

2013 年 12 月，Mindie 联合创始人格雷瓜尔·昂里翁在巴黎互联网大会 LeWeb 上演示 Mindie 应用程序。一眼就可以看出这款应用是 TikTok 的前代产品

这几个年轻人用自己创造的功能去拍摄视频，意识到音乐比视觉效果更能增强体验，如此一来，视频就成了伴随歌曲的段子。歌曲本身就是话题标签，有助于配有音乐的内容被人发现。在评估开发成果的时候，团队一致认为他们叩开了成功之门。这款应用清新简约，以音乐为中心，显示竖屏短视频，与市场上现有的应用程序都不同。

然后，他们开始为自己的应用程序寻找合适的名字。"Mindie"这个名字是克莱门特想出来的，是"mainstream（主流）"和"indie（独立制作）"两个词的组合。最初，视频的长度被设定为 7 秒，比短视频市场领导者 Vine 的标准长了 1 秒，他们认为这对大多数音乐剪辑来说不够长。[1]

2013 年 10 月，Mindie 悄然登陆苹果应用商店，只获得了少数几家科技行业媒体的关注[2]。但是，尽管获得的评论不多，但基本上都是正面的：

---

1. 由于用户反馈，后来视频时间延长到了 10 秒。——作者注
2. Product Hunt 的创始人莱恩·胡佛和 TechCrunch 的资深作家罗曼·迪莱特都是 Mindie 的知名线上支持者。——作者注

"这个应用很有意思，能让你创建可分享的流行短视频。"一篇文章这样写道。

早期用户的反响非常好，团队所做的工作已经足够多，现在他们可以争取更多的资金了。一开始，他们想要吸引欧洲当地的投资者，然后，他们很快飞越大西洋，抵达纽约，最后来到了旧金山。到了1月，他们已经敲定了120万美元的种子融资交易，准备收拾行囊离开巴黎，搬到阳光明媚的美丽加州。他们不知道的是，他们的道路注定要与世界另一端的中国的一小群企业家纠缠在一起。

朱骏，@bullshitting

留着一头飘逸的长发和一撇小胡子，很喜欢戴围巾，朱骏看起来更像一个艺术家，而不是典型的初创企业创始人。朱骏出生在安徽。在人们的印象中，安徽从传统上就是中国一个贫穷的内陆省份，位于上海以西几百英里处。他近来移民到美国，在硅谷为德国企业软件巨头思爱普工作。他的头衔是"做教育的未来主义者"，这听起来很有魅力，但后来他说这份工作很枯燥，做起来没有难度。在一次活动中，朱骏用略带口音的英语在台上开玩笑说："企业（软件）是一个很好的行业，只是不够性感，而我想当一个性感的男人。"

从朱骏的线上简介，就可以看出他的性格中暗藏着叛逆和古怪，他在LinkedIn（领英）上把工作地点设为火星，他在推特网的网名是

"bullshitting[1]"。他的职业是撰写企业博客文章，制作预测未来教育趋势的幻灯片，这让他很没有成就感。2012 年年底，出于无奈，朱骏在推特网上发了一条消息：

"是时候放开自己，开始做一些有意义的事了……人生要么是一场冒险，要么就只能庸碌无为。"

"大规模开放在线课程"风靡教育界，朱骏对这个概念非常着迷。朱骏以"做教育的未来主义者"的身份对这一领域进行了全面的研究，他发现了一个致命的缺陷："大规模开放在线课程"无法像许多人希望的那样改变教育，因为参与课程的人有 90% 以上都没有读完。

朱骏认为他有个解决办法。他后来称这个想法价值 10 亿美元，可以改变教育。他能使课程变短，使用移动设备就可以上课。用他的话来说，这是"推特网和 Coursera[2] 的结合"。他的愿景是创建一个充满活力的点对点教育平台，允许人们只使用手机，就可以创建和消费以各种生活方式为主题的迷你课程，如烹饪、瑜伽或绘画。

阳陆育是朱骏的朋友，他帮助朱骏实现了这个愿景。朱骏和阳陆育此前都曾担任易保科技的董事。易保科技是一家上海公司，为保险公司提供服务。易保的客户遍布世界各地，阳陆育因此去过很多地方，最终他来到了加州，在那里又联系上了朱骏。阳陆育接受了朱骏的想法，辞去了易保的工作，与朱骏一起成为这款新奇的教育应用的联合创始人。

阳陆育来自中国的湖南省，比朱骏小 1 岁，看起来非常年轻。他长着一张宽而微胖的脸，留着一头与众不同的波浪鬈发。和朱骏一样，阳陆育也是一名经验丰富的 IT 人士，在易保工作了 7 年。他也怀揣着一个创业梦。大学期间，他学习的是热能与动力工程专业，还利用业余时间

1. 意为胡扯。——译者注
2. 大型公开在线课程。——译者注

创建了一个名为"赛诺网"的学生创业网站。2005 年，他创建了网上定制 T 恤服务，但有一点很不幸，与今天不同，当时中国的物流并不发达，运费太高，这个想法也就无法成为现实。

朱骏和阳陆育共同创立了 Cicada Education 公司，并在第一轮融资中从华岩资本获得了 25 万美元的投资。2013 年，他们只用了 6 个月，就组建了一支团队，还建立了原型。

有了新构建的应用程序测试版在手，朱骏兴奋地开始创建他的第一堂课，他选择了一个容易理解的轻松话题："咖啡的历史"。他费尽力气，花了两个小时才做出了一节时长只有 3 分钟的课程。将便于获得的有用知识浓缩成短小的课程，远比他想象的更具挑战性。缩短课程并没有使研究和课程开发变得更加容易。即使是在两个小时后，朱骏仍然对他制作的课程完全不满意，那个视频很无聊，由静态图像和旁白组成。他们最初得到的种子投资只剩下了 8%，他们觉得与其把资金返还给投资者，不如转向全新的方向。

"在我们将这款应用推向市场的那一天，我们意识到它绝不可能成功。"朱骏说，"注定是要失败的。"

Musical.ly 诞生

在活动和媒体采访中，朱骏多次被问及是什么给他带来了创作 Musical.ly 的灵感。他的回答总是这样的：

"有一天，我坐在从旧金山开往山景城的加州铁路火车上，车上挤满了十几岁的孩子。观察后，我发现 50% 的孩子在听音乐，另外 50% 在拍照和拍摄视频，他们还打开了扬声器，好添加音乐。青少年如此热衷于社交媒体、照片、视频和音乐，这让我开始思考：我们能否将这三种很有影响力的元素整合到一款应用中，打造一个音乐视频社交网络？"

从那时起，团队转向全新的方向，并开发原型。他们只用了短短 30 天，就创建了基于音乐和短视频相结合的全新体验，为年轻人量身定制的社交网络。凭借令人难以置信的快速开发时间，Musical.ly 1.0 于 2014 年 4 月发布。

打开这款应用的界面，就会播放《永远年轻》这首歌，背景循环视频是两名年轻女子在沙滩上玩耍。主页徽标下方是这款应用的品牌口号：Musical.ly – 音乐短视频 [1]。这个童话般东山再起的故事成为媒体采访的上好素材，但它掩盖了团队真正的所作所为：他们不过是复制了 Mindie 而已。

Mindie 团队很快就注意到了这个新的竞争对手。在苹果应用商店中搜索"Mindie"，Musical.ly 则出现在旁边。这两款应用的关键词都一样。联合创始人斯坦尼斯拉斯解释说："一开始，我们真的很惊讶……一切都一样，甚至连应用商店的一些描述、徽标的颜色和渐变都一样。"

Mindie 团队意识到把部分代码留在开发者网站 GitHub 上是一个错误。而 Musical.ly 则利用了这一点加快自身应用的开发。通过搜索用户资料，Mindie 团队找到了朱骏的账号，发现他是非常活跃的早期用户。

借用另一个更有创意的团队的想法，正是 Musical.ly 的起点。但这并不能保证成功。朱骏和阳陆育的初创公司仍然不稳定。他们还是缺乏资

1.当时，在美国互联网初创企业中，使用 .ly 域名已经成为流行的解决方案，以解决长期以来所有合理的 .com 域名都已被使用的问题。似乎没有人在意，从技术上来说，.ly 其实是非洲国家利比亚的互联网国家代码域名。——作者注

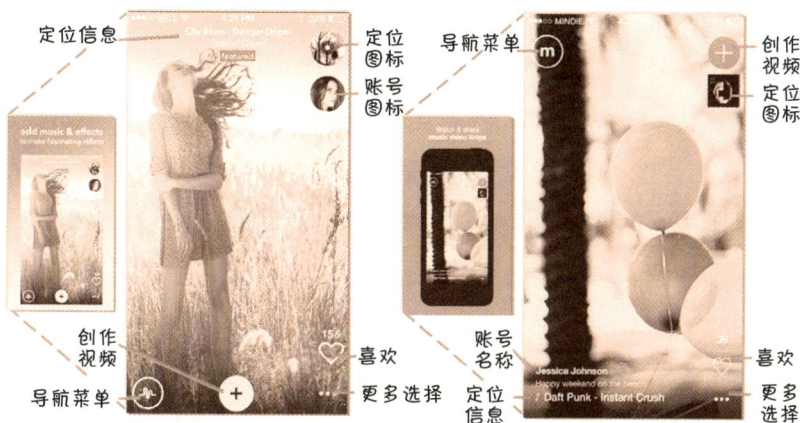

初版 Musical.ly 与 Mindie 的用户界面对比。图片取自在 Musical.ly 刚刚上线时苹果应用商店对这两款应用的描述。奇怪的是，这两张图片显示了相同的时间（下午 4:21）和剩余电量（22%）

金，团队不足 10 人，很难吸引程序人才。

　　他们没有专注于单一市场，而是选择使用多种语言在全球多个地区发布这款应用，也包括中国，他们选择把名字改成有些另类且令人难忘的"妈妈咪呀"。逻辑很简单："中国人接触的第一部音乐剧就是《妈妈咪呀》。"阳陆育解释道。但这并没有帮助。尽管改了名字，这款应用在当地还是无人问津。

　　"不是我们选择了美国市场，而是美国市场选择了我们。"阳陆育在后来的采访中解释道，"美国是一个爱好音乐的国家，每个人都很喜欢音乐。"在美国，最早使用这款应用的是初中生和高中生，他们放学后有大量的时间休闲和娱乐。相比之下，中国青少年的学业通常都很紧张，要参加课后辅导，还要准备考试。如果社交媒体是用以分享一个人的生活，中国的青少年并没有太多东西可以分享。"我有个堂弟每天都得学习 12个小时。他怎么可能上 Musical.ly 去做一些有创意的视频？"阳陆育在采访中提到。

　　即使最初还算吸引人，用户留存率也合理，但筹集资金仍然很困难。他们被 20 多个投资人拒之门外。阳陆育记得有投资者告诉他："如果你们能举出一个国内团队把国外的社交产品做起来的例子，我们就考虑投资。"可是，根本就不存在这样的先例。

　　这意味着该团队的营销预算为零，这也是他们在竞争激烈的中国市场上没有任何希望的另一个原因。在中国市场，典型的推广策略包括花大价钱请网络红人宣传和聘请大型营销团队。

Musical.ly 的早期团队（前中为阳陆育），照片于 2014 年年末拍摄于他们位于上海快创营的最早的办公室

　　Musical.ly 依靠的仅是口碑和免费的"成长黑客"技巧。iOS 应用商店开始对搜索关键词进行高度优先排序，Musical.ly 充分利用了这一点。团队在应用程序的标题旁边加入了一系列流行词，以提高其搜索排名。这款应用的名字一度变得非常冗长："Musical.ly——可以制作超酷的音乐视频，拥有照片墙和 Facebook Messenger（飞书信）的各种特效。"

团队在这款应用的早期版本中添加了一个明显的链接，鼓励第一批使用者发送反馈。他们每天都会收到标题为"我最喜欢 Musical.ly 的三点"的邮件。还有邮件标题是"我最讨厌 Musical.ly 的三点"。在一个月内，他们收到了来自美国用户的 200 多封电子邮件，帮助他们确定哪些地方需要改进。

为了了解用户的情绪，朱骏花了大量时间在这款应用上，并注册了多个假账号，假装自己是普通用户[1]。他会对其他人的视频发表评论，询问他们为什么分享或创建某些内容，这是中国科技公司的老板们常用的用户研究策略。他们把数百名早期的忠实用户添加到微信群，平时经常与他们聊天。每推出一个新功能，他们都分享原型，以获得即时的直接反馈。根据聊天而做出的最早改变之一是将视频的长度限制延长至 15 秒，以符合照片墙的限制，而照片墙是青少年最乐于分享视频的平台。

创意挑战

在尝试鼓励早期使用者建立社区意识的过程中，团队发现最有效的方法是定期推广"挑战"。所谓挑战，从本质上说就是用户原创视频段子。挑战就是建立一个可复制的模板化结构，任何人都可以参与并制作他们自己的版本。任何内容都可以，比如一套简单的舞蹈动作，或是一个搞笑的恶作剧。早在 Musical.ly 出现之前，病毒式视频段子就已经在

1.通过搜索"temporality"（意为时间性），在 TikTok 上仍然可以找到许多这样的账户。——作者注

其他社交媒体平台上流行了起来。著名的例子包括"哈莱姆摇摆舞"，一群人一起疯狂跳舞，以及"冰桶挑战"，名人互相挑战，向自己身上倒冰水，以提高人们对肌肉萎缩症的意识。"挑战"一词明确地传达出了这种模式的参与性和趣味性。

Musical.ly 鼓励用户加入热门挑战，制作自己的版本。挑战是培养用户和展示制作视频新方法的一种方式，还允许 Musical.ly 团队在更大程度上控制内容创作方向。这些挑战给了用户动力，让他们可以参与和制作视频，而不仅仅是被动地看别人拍摄的视频。

"Musical.ly 和 Vine 之间的关键区别在于，我们降低了内容创作的门槛，所有看视频的人同时也是创作者。"朱骏解释道。在他看来，降低内容创作门槛对 Musical.ly 的成功至关重要，这款应用里的所有内容都是用户原创的。

人们制作视频的最大障碍都与技术无关。所有新型短视频移动应用都包含易于使用的迷你编辑室。年轻用户在添加音乐、文本和使用录音功能方面尤为熟练。特别是 Vine 的录音功能非常简单，只要对准摄像头，按下按钮录制 6 秒即可。

害羞也不是问题，许多年轻用户都喜欢记录自己。更为实际的障碍是创造力和灵感，即想出创意。大多数用户需要得到启发。很少有人能像已经很出名的 Vine "达人"扎克·金那样拥有如此多的时间、才华，还那么专注于拍摄视频，他以精通使用数字编辑技术创造神奇效果而闻名。

音乐是创造灵感的一种形式。在 Mindie 或 Musical.ly，人们很容易就能选择一首最喜欢的歌来模仿或随着歌跳舞。但 Musical.ly 团队发现，推广每日挑战是一种更为有效的方式，可以建立内容创作的常规习惯。用户不需要想太多。他们所要做的就是随大流，在一个已经熟悉的主题上加上自己的风格。复制别人不仅不成问题，还会得到鼓励。

挑战也有助于克服最后一个最困难的障碍：动力。这给人一种紧迫感。用户要么选择趁今天有趣的挑战在热门话题出现时参加，要么就错过一切。参与进去，也让人们觉得自己是更广泛社区的一部分。前Musical.ly 运营副总裁周秉俊在 2016 年的一次推介会中透露："平均而言，每个（Musical.ly）用户每天都会创建不止一条内容。"

2014 年年底，Musical.ly 已经建立了核心忠实用户群体。每天不断地通过微信群与数百位 Musical.ly 粉丝沟通，意味着团队虽然远在世界的另一端，仍能与用户保持紧密的关系。他们正在了解美国青少年文化的细微差别，通过交流，粉丝们把对挑战的新想法告诉团队，以推广或增强这些挑战。团队还不断监控哪些视频在平台上获得了关注，并推广那些他们认为可以吸引并激励他人的视频。

这种手工操作的日常工作十分耗时，从本质上来说是人力劳动，对

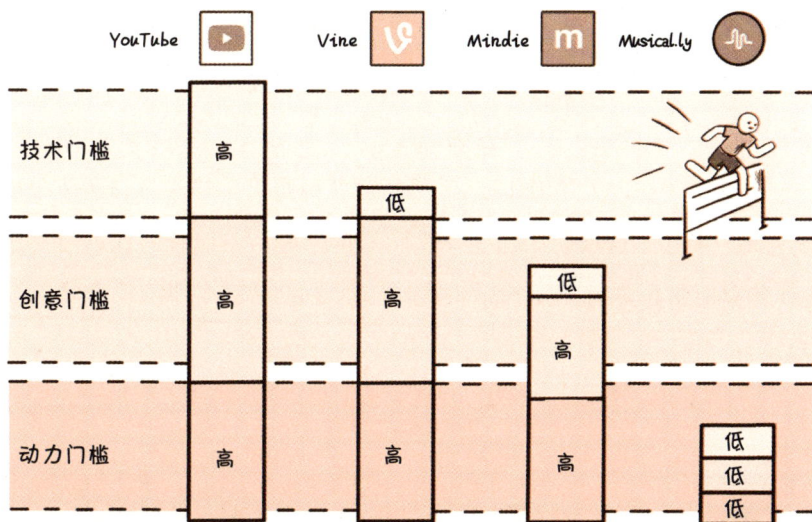

YouTube、Vine、Mindie 和 Musical.ly 的内容创作门槛

自动化形成了挑战。美国互联网企业更喜欢可扩展、以数据和技术为驱动的发展方式。然而 Musical.ly 借鉴的是中国的标准剧本，在中国，这种低技术含量的战术很常见，还被贴上了"运营"的标签。[1]

Musical.ly 打下了坚实的基础，但到目前为止，他们尚未达到一个允许其扩大规模的临界点。考虑到很难筹集资金，创始人对是否继续经营犹豫不决，他们的团队精简到了 7 人。"有时缓慢的增长比快速的失败更糟糕。"朱骏反思道。

对口型视频应用 Dubsmash

"对口型太火爆了！"衣着光鲜的新闻记者转身面对摄影棚的镜头，用严肃的口吻喊道。"是的，简，新应用程序 Dubsmash 正在全世界蹿红！"她在新闻编辑室的搭档主持人插话道，"自去年 10 月推出以来，这款应用的下载量超过了 1000 万次，真是太不可思议了！"

2015 年年初，关于 Dubsmash 的新闻就像野火一样在全球主流报纸和电视上蔓延。这款应用在一夜之间风靡起来，由以首席执行官乔纳斯·德鲁佩尔为首的三名德国程序员开发。Dubsmash 只做了一件事：让用户创作 10 秒对口型视频。人们非常喜欢这个创意。

Dubsmash 发行仅 7 天，就成为德国应用商店的第一名。后来，它在

1.高度依赖运营是中国互联网的典型特征之一，阿里巴巴是最著名的高度运营驱动型企业。廉价的劳动力只是运营这种方式在中国受欢迎和效果好的部分原因。这一方式主要是对更广泛的线上宏观环境做出的反应（例如，"围墙花园"生态系统，意见领袖营销，有限的质量访问，可扩展的广告目标，无效的搜索引擎优化）。——作者注

Dubsmash 应用截图，取自 2015 年苹果应用商店的介绍

其他 40 多个地区击败了脸书网和 YouTube 等传统领先者，摘得了桂冠。

　　Dubsmash 之所以与众不同，原因在于它定位精确，用途简单明了。它只是一个对口型的简单工具。Dubsmash 提供了内容丰富的音频库，其中包含大量的著名电影对白和歌曲片段可供选择，所有人都深受吸引。

　　不幸的是，Dubsmash 面临着小型团队早期意外获得巨大成功时都会遇到的挑战：他们的后端基础设施完全没有准备好迎接爆炸式的增长。没有用户账号系统，没有"登录"或"注册"，没有"添加朋友"，也不能与其他用户互动。用户也无法在应用中发布内容。要先把视频下载到手机上，再通过其他社交媒体平台分享。如此一来，想要留住用户就很难了，Dubsmash 的热度也逐渐消失了。

　　这款应用一夜爆火，让人们知道对口型功能很吸引人，这也为 Musical.ly 指明了接下来的发展方向。

《对口型假唱大赛》——转折点出现

2015 年 4 月初，Musical.ly 在上海的团队注意到，这款应用的下载数量有些不同寻常。每周四晚上，安装量都会出现异常激增。上海团队想办法了解导致这种情况的原因，他们通过网络和用户反馈群进行了广泛的调查。最后，团队找到了答案：《对口型假唱大赛》。

《对口型假唱大赛》是现已停业的美国电视频道 Spike TV 举办的一项新电视比赛，由说唱歌手 LL Cool J（本名詹姆斯·托德·史密斯）联合主持。该节目是很火爆的《吉米·法伦秀》的衍生节目，一经播出，就获得了成功。第一集于 4 月 2 日播出，获得了该频道历史上最高的首播收视率。在节目播出期间和播出后，一些观众会搜索能录制对口型视频的应用程序。许多人找到了 Musical.ly，于是下载量出现了激增。

受 Dubsmash 的成功启发，团队在冗长的应用名称和描述之外，又把对口型设为了关键词。团队选择投入更多精力，尽可能快地开发对口型功能，重新定位应用程序，使对口型功能更加突出。

团队还发布了简短的演示视频，新用户看了，马上就能知道如何制作对口型视频。团队列出了在他们看来平台上最好的对口型内容，并确保首先将这些内容展示给新用户，以给他们留下深刻的印象。这款应用开始向新用户发送通知，鼓励他们"发布你的第一个对口型视频"，联合创始人朱骏认为这一举动"极大地提升了用户留存率"。很快，他们又增加了一个分屏功能，允许两个用户合作制作一个视频。4 月初，Musical.ly 的 iOS 应用商店排名在 1400 位左右。现在，他们每周都在榜单上快速上升约 100 名，而且，最妙的地方还在后面。

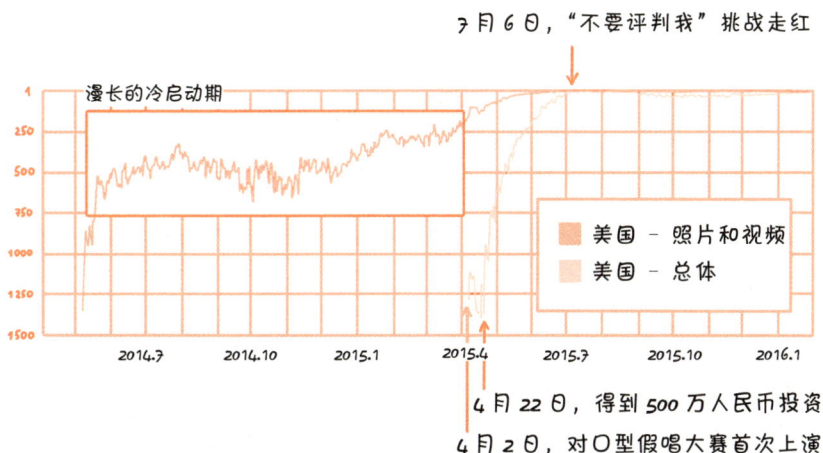

7月6日，"不要评判我"挑战走红

漫长的冷启动期

■ 美国－照片和视频
■ 美国－总体

2014.7　2014.10　2015.1　2015.4　2015.7　2015.10　2016.1

4月22日，得到500万人民币投资

4月2日，对口型假唱大赛首次上演

Musical.ly 从 2014 年年初至 2016 年年初在美国苹果应用商店的排名

"不要评判我" 挑战

2015 年 7 月 5 日，Musical.ly 的运营团队发现，一些用户开始发布一种新类型的视频。在这些视频中，人们一上来都装扮得很不雅观，穿着邋遢，头发蓬乱，还画了满脸粉刺。几秒钟后，视频会突然切换，出现的还是原来的人，只是他们的样子与片刻前几乎判若两人——穿着最好的衣服，梳着整齐的头发，化着妆，打的背景灯光也恰到好处。这些视频传达的信息很简单：不要以貌取人。

团队一起拿这个新段子开玩笑。有些视频很有意思，展示了美国青少年的创造力。

在晚上 7 点离开上海的办公室之前，阳陆育决定将一些这样的视频标记为精选内容，让更多人看到。然后，他就不再想这件事，像往常一样回家了。

第二天，阳陆育醒来后发现他昨天晚上的行为在世界的另一端引发了完全出乎意料的情况。那天是他的生日，根据中国的办公室文化，团队会为他准备蛋糕和小礼物。但他什么都没有收到。他走进办公室，听到的是兴奋的叫喊声。"我们第一了！你不知道吗？"一个同事激动地对他喊道。

这个段子已经传疯了。成千上万带有"不要评判我"挑战话题的视频充满了 Musical.ly 平台，还流传到了脸书网、照片墙、推特网和其他社交媒体平台。一星期内，40 万个这种风格的视频被创造出来，估计总浏览量超过了 10 亿。

Musical.ly 刚刚大获成功，又斩获了美国应用商店排行榜的冠军，融资就变得容易多了。他们在 2015 年取得了突破，向中国移动应用开发商猎豹移动赠送了很大一部分公司股份，以换取 500 万元人民币（合 70 万美元）的投资。有了这笔钱，在漫长的冷启动阶段，他们得以坚持下去。取得突破之后，他们立即筹备以更高的估值进行新一轮融资，为公司注入了 1660 万美元的资金。

公司迅速扩张，在美国设立了新的办公室，聘请了一些营销、业务开发和内容授权方面的专业人士。他们在旧金山的联合办公空间工作，还从朱骏的老东家思爱普挖掘了一些人才，成立了一个全新的小团队，由北美业务总裁亚历克斯·霍夫曼领导。除了创始人，霍夫曼作为 Musical.ly 的新面孔，代表公司参加了许多媒体活动和采访。资金有了保障，团队规模得以扩大，用户基数现在达到数千万，Musical.ly 进入了新的发展阶段。

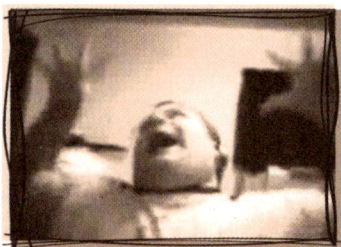

"*Numa Numa*"
火爆的对口型视频
2004 年 12 月

"哈莱姆摇摆舞"
火爆的视频段子
2013 年 2 月

左图：互联网上第一个爆红的对口型视频"*Numa Numa*"，拍摄于 2004 年，当时 YouTube 尚未出现。右图：热门视频挑战"哈莱姆摇摆舞"，出现于 2013 年。

阿里尔

阿里尔·丽贝卡·马丁可以说是无家可归。一场洪水几乎摧毁了她在佛罗里达南部的家，现在他们全家人只能住在祖父母家的一个房间里。14 岁的阿里尔长着一双绿色的眼睛，留着一头棕色长发，是个有着无限活力的姑娘。有一天，她很无聊，便邀请几个朋友过来，一起挤在她祖父母的沙发上。

阿里尔又滑开手机看照片墙，一个带有 Musical.ly 水印的视频吸引了她的注意。她和朋友们很感兴趣，决定一起下载这款应用看看好不好玩。在设置新资料时，她的一个朋友选择的账户名是"皇后"，另一个选择了"舞者"。阿里尔一时心血来潮，选择了"Baby（宝贝）"这个名字，并开始考虑用哪首歌来制作她的第一个视频。在弄清楚如何使用录音效果后，她跟着歌词做了一系列手势。练习了一个来小时，阿里尔准备发布她的第一个视频。她用的是她最喜欢的歌曲之一，也就是尼基·米纳杰的热门歌曲《大笨蛋》。

后来，阿里尔发现，在她最初上传的几个视频中，有一个在应用程序里被设为了精选，她兴奋地尖叫起来。获得推荐，相当于平台给了她一个官方认可，在这个过程中，她吸引了数千名新粉丝。阿里尔后悔随意选择了"宝贝"这个账户名，很想立即改成别的名字。经过慎重考虑，她认为已经太迟了，她的粉丝已经知道她叫 Baby Ariel 了。

在接下来的夏天里，她继续发布她在祖父母家的淡紫色卧室里录制的对口型视频。他们全家人都在修理房子，她和她的弟弟不能按计划参加夏令营了。于是，阿里尔大部分空闲时间都在玩 Musical.ly。她的视频又成了精选，粉丝数达到了数十万。阿里尔发现自己很有天赋，可以创作出与歌词配合的手势。她活力四射，有着灿烂的笑容，天生就适合制作音乐短视频。在短短几个月的时间里，14 岁的阿里尔就在 Musical.ly 上蹿红，风头无人能及。这让她和她的父母都感到非常惊讶。

他们全家人很快就认识到了这个机会。阿里尔成了网络红人。她的母亲给她建了一个网站，阿里尔开始在家接受教育，这样才有时间也在其他平台上传视频，跟上严格的内容创作时间表。5 年过去了，如今阿里尔已经有 3300 万 TikTok 粉丝、900 万照片墙粉丝、300 万 YouTube 订阅用户和 100 多万推特网粉丝。她发行了多首歌曲，出演了多部电影，还被《时代》杂志评为最具网络影响力人物之一。

对许多青少年而言，阿里尔的成名是一个童话，是梦想成为现实。她的成功来得如此自然，如此迅速，几乎让人觉得是命中注定的。事实上，这就是现实世界里会发生的事。阿里尔的走红是一个深思熟虑的大计划中的一部分，这个计划让一小群人受益匪浅，阿里尔就是其中之一。Musical.ly 正在打造眼球经济。

打造 Musical.ly 式眼球经济

作为一个所有内容都由用户原创的平台，朱骏和阳陆育需要仔细考虑如何培养一个活跃的社区。他们需要确保有一群稳定的创作者，定期制作高质量的内容。这将为他们提供客户黏性，使他们获得长期发展，从而避免成为另一个昙花一现的小型社交媒体平台。朱骏将他们采取的战略比作"社区建设"。

"必须吸引移民，为了做到这一点，就要先让一小部分人富裕起来。"他说。

他提出的概念是，Musical.ly 就像一片新发现的大陆，需要吸引新移民前来，就像以前的美洲殖民地。人很少，这片新大陆的国内生产总值也很小。平均分配财富，只会导致每个人都过着悲惨的生活，无法吸引更多的移民。根据朱骏的观点，解决的办法是有意培育一个收入高度不平等的经济体，将大部分国内生产总值分配给一小群先来的人，而对Musical.ly 来说，就是早期的用户。一旦这些人富裕起来，消息就会传开，引发一场淘金热，其他人会跟随第一批移民的脚步，渴望在这个新世界试试运气。

后来者也有机会。他把这个过程比作从中央集权的计划经济向市场驱动的分散经济转变，培育出正在崛起的中产阶级。大明星可以继续保持富有，但要有办法让有才华但鲜为人知的新创作者被人看到并得到奖励。

"致富"比喻获得更高的社会地位，成为"Musical.ly 上的达人"。团队拥有神一般的力量来操纵平台上的注意力，并确保个人账号获得大量曝光。内容运营团队可以自行决定手动选择哪些视频为"精选"。这类视频将得到积极推广，肯定可以获得高曝光率。在这个系统下，只要少数几个人在上海郊区一个普通的联合办公空间里工作，通过选择哪些视频为精选，就能对美国青少年文化产生相当大的影响，"不要评判我"挑战便是一个例子。

朱骏用国家间移民来比喻 Musical.ly 的游戏规则。他们为 Baby Ariel 等特定个人带来了巨大的流量，使他们一夜之间爆红于网络。随着平台的发展，这群人成为真正的名人，部分原因在于他们有创意、肯坚持和付出了努力，大部分原因则在于上海内容运营团队挥动"看不见的手"，让这场注意力游戏向他们倾斜，让他们受益。

比 Snapchat（色拉布）还年轻

当 Musical.ly 发展到足以吸引主流媒体的注意时，记者首先注意到的就是用户的年龄。"毫无疑问，这是我们见过的最年轻的社交网络。"在线营销大师加里·维纳查克在一篇描述该平台的文章中感叹道，"Snapchat 和照片墙的用户还算年轻……但在 Musical.ly，用户都是一、二、三年级的学生。"

Musical.ly 对年轻的创作者尤为有吸引力，因为 YouTube 和照片墙等平台比较成熟，已经发展成喧闹且饱和的生态系统，吸引注意力和吸引新粉丝都非常困难。通常情况下，青少年并不具备成为照片墙达人所需的摄影技巧或富有吸引力的生活方式，而经营推特网账号，则需要文笔诙谐，他们也做不到。但是，对口型和舞蹈正是他们的长处。青少年有

粉丝数

年龄：15 岁	Baby Ariel	13719130
年龄：13 岁	雅各布·萨特里厄斯	11211676
年龄：14 岁	莉萨和莉娜	11027118
年龄：14 岁	洛伦·格雷	10495065
年龄：21 岁	卡梅伦·达拉斯	9633208
年龄：17 岁	克里斯滕·汉彻	9286162
年龄：23 岁	吉尔·克罗伊斯	8728336
年龄：11 岁	安妮·勒布朗	5616876
年龄：15 岁	阿里安娜·勒妮	5608362
年龄：17 岁	卢卡斯和马库斯	5477333

2016 年年末，Musical.ly 10 大红人的快照，以及当时他们的粉丝数和年龄。这些创作者的年龄在 11 岁到 23 岁之间，平均年龄为 16 岁

创造力，热爱分享，放学后有大量的空闲时间。他们拍视频从不扭怩，用手机的前置摄像头自拍时几乎没有顾虑。Musical.ly 的团队大量使用鲜艳的颜色，从而吸引年轻的用户群体。

　　青少年是音乐和娱乐产业的关键受众。没过多久，艺人们就开始试水了。歌手杰森·德鲁罗是最早使用 Musical.ly 的知名艺人之一，他在平

Musical.ly 截屏。热门标签列表为彩虹色，包括"当女孩听到蜘蛛"和"你闻起来像驴"

台上分享自己在工作室跳舞的视频。看到他成功地吸引了青少年的眼球，其他名人也迅速抓住了 Musical.ly 的营销力量。赛琳娜·戈麦斯、Lady Gaga 和凯蒂·派瑞等艺人纷纷入驻该平台，与年轻观众交流。就这样，闸门一下子就打开了。一些人开始通过 Musical.ly 分享未公开歌曲的片段，为正式发行造势。

到 2016 年，Musical.ly 的员工超过了 50 人，其在上海拥有规模可观的运营和开发团队。朱骏在媒体采访中称，该公司的服务器架构难以满足所有流量的需求。当年 5 月，这家初创公司获得了另一轮超过 1 亿美元的融资，使公司估值超过 5 亿美元。中国科技行业称赞 Musical.ly 为海外市场之王。一款中国社交应用能在国外获得如此大的成功，这是闻所未闻的事。"Musical.ly 证明了所谓的'文化差异'其实是纸老虎。"阳陆育如此乐观地鼓励其他中国初创企业。截至 12 月，这款应用拥有 1.3 亿注册用户，月活用户达到了 4000 万，主要分布在北美和欧洲。

分析：从画笔到画布

"如果你想早点长大，你就想成为一支画笔，这意味着你必须注重细节。你必须很好地解决特定的需求，然后，你就会想成为一块画布。你希望各种事情都能在这张空白的画布上发生。"朱骏这样比喻他对 Musical.ly 的发展设想。

凭借对口型功能，Musical.ly 开始大受欢迎，他们找到了最初的产品市场定位。平台降低了移动内容创作的门槛，让每个人都有可能成为表演者。他们最初的价值主张很简单：这款应用是一个工具，帮助人们在看完对口型大赛后制作对口型短视频。大多数人都希望把他们新制作的视频发布到照片墙等其他平台上。

这种早期用户留存策略并非 Musical.ly 独有。例如，YouTube 最初是一个视频托管工具，允许人们在网页上免费嵌入视频，这在当时是一个革命性的概念。照片墙最初的吸引力来自滤镜这个"撒手锏"。人们发现，只需轻轻点击几下，照片墙就能让他们的照片看起来更专业。

作为一种实用工具，Musical.ly 迈出了第一步，有机会利用这一最初的吸引力去创造更大的成功。凭借这个工具获得了大量的内容和创作者，Musical.ly 就可以成为一个内容平台，满足人们被动娱乐消费的欲望，充当移动时代的电视。拥有了大量用户，他们就可以促进这些用户之间的联系，发展成为一个社交平台，满足人们联系和寻求地位的欲望。这些价值相互加强，因为内容成为互动和地位创造的起点。反之，通过该应用建立的社交联系将吸引用户回来消费更多内容。

然而，对许多平台来说，很难同时实现这两个目标。例如，YouTube 犹如一个知识和娱乐的宝库，但在建立社交联系方面却相对薄弱。包括评论在内，YouTube 的社交功能很有限，却充斥着无礼的辱骂和煽动言辞，以及垃圾邮件，可谓臭名昭著。

在一段记录 Musical.ly 第一年运营状况的幕后视频中，联合创始人阳陆育自信地看着镜头说："我们的梦想是成为视频版的照片墙。"Musical.ly 的两位联合创始人多次公开表示，他们非常希望将 Musical.ly 打造成一个社交平台。"社交图谱是关键！"2016 年，朱骏在上海的一次活动上说。他在后来的讨论中又说道："我们希望内容变得越来越有意思。只要你能和你的朋友联系上，你那些有趣的内容就会吸引他们。"

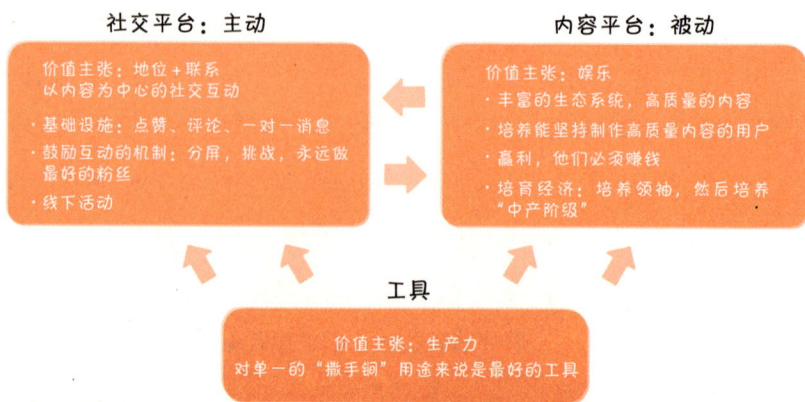

社交平台：主动

价值主张：地位＋联系
以内容为中心的社交互动

· 基础设施：点赞、评论、一对一消息
· 鼓励互动的机制：分屏，挑战，永远做
  最好的粉丝
· 线下活动

内容平台：被动

价值主张：娱乐
· 丰富的生态系统，高质量的内容
· 培养能坚持制作高质量内容的用户
· 赢利，他们必须赚钱
· 培育经济：培养领袖，然后培养
  "中产阶级"

工具

价值主张：生产力
对单一的"撕手铜"用途来说是最好的工具

从工具到社交和内容平台的发展略图

一开始，Musical.ly 在连接和建立青少年社区方面做得很好。但到了 2017 年，他们遇到了增长"瓶颈"，发现很难实现突破，在这一群体之外寻求发展。他们无论怎么做，也不能改变 Musical.ly 只是一个青少年平台的固有印象。团队付出了很大的努力打造相机特效、直播工具和社交功能，以促进用户和他们最喜欢的达人之间的联系，包括"永远做最好的粉丝"和"问答"选项，所有这些都很受欢迎。青少年很喜欢分享和参与挑战，也乐于互动。这让两位创始人相信，该平台未来的方向必须是一个基于视频的社交网络，有点类似于当时中国领先的短视频应用快手的定位。

后来，Musical.ly 意识到他们对自己产品的理解有所偏颇。要实现增长，解决方案并不在于添加功能或增强摄像机效果。最需要改变的是后端架构。"通过对用户进行采访和更深入挖掘我们的数据，我们发现了 Musical.ly 不是一个社交网络，而是一个内容平台。"在上海工作的美国人詹姆斯·韦拉尔迪透露。他与 Musical.ly 的团队一起工作，负责产品战略。多年来，Musical.ly 一直认为他们是下一个照片墙，而事实上，他们是下一个 YouTube。

从实用工具向社交和内容平台转变的例子

　　Musical.ly 需要更加重视被动娱乐的价值，从而在已经高度参与的早期青少年用户群之外吸引更多用户，并充分发挥其潜力。

　　Musical.ly 要想进一步发展，面临着三大挑战：定位、内容多样化和技术。

　　定位：亮粉色的徽标，花哨的配色方案，"你闻起来像驴"的热门话题，以及 11 岁达人的精选视频都非常适合吸引 10 岁出头的儿童。尽管如此，这些因素还是让许多其他群体产生反感。如此年轻的用户群体也是一个问题，随着时间的推移，一些制作视频的人长大了，就不再使用这款应用，转而使用照片墙或 YouTube 等更知名的平台。热衷于受人追捧的青少年最不想做的事就是成为同龄人中年龄最大的，却还在社交媒体应用程序上为年纪较小的孩子发布内容。

　　Musical.ly 需要重新设计，并转向更加中立的定位，以吸引年龄较大的人群。然而，此举是一场豪赌。品牌重塑若是不尽如人意，可能很快就会使人们离开，进而导致大量用户流失，从此一蹶不振。

　　内容多样化：两位创始人都很清楚他们需要提供更广泛的内容。

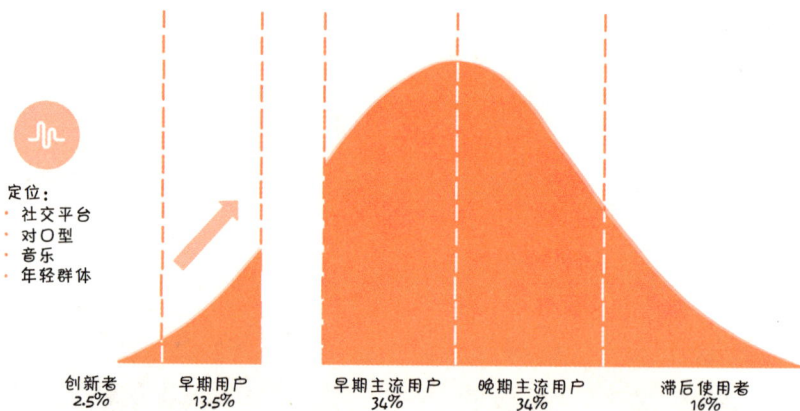

定位：
· 社交平台
· 对口型
· 音乐
· 年轻群体

创新者
2.5%

早期用户
13.5%

早期主流用户
34%

晚期主流用户
34%

滞后使用者
16%

Musical.ly 未能跨越鸿沟，吸引到年纪更大、更主流的用户

"内容多样化和用途多样化对我们来说超级超级超级重要。Musical.ly 必须发展成为一个更通用的平台。"朱骏在接受 TechCrunch 采访时如是说。Musical.ly 大部分内容只对年轻群体有吸引力。这阻碍了它转型成为 YouTube 这样具有广泛吸引力的综合性内容平台。两位创始人努力鼓励体育、时尚和美妆等非音乐类的原创视频内容。

技术：团队试验了两种新选项——只显示已关注账号和同城账号的视频。尽管如此，大多数人还是忽略了这些新选项，选择了默认的内容推送。这个默认设置显示的是系统算法推荐的视频，但问题是 Musical.ly 的技术并不像其团队希望的那样精密。

2017 年，在上海举行的一次腾讯媒体活动上，阳陆育在简短的推介中阐述了他对利用技术改善平台内容分配机制的想法。他的理论与本书第三章中提出的理论高度互补。

阳陆育提出了三种内容分发模式。第一种是完全依赖订阅机制的传统模式，这种方式之所以可行，是因为它只需要确保让人们看到前 1% 的优质内容。第二种是在社交网络模式中，问题变成了如何更好地分发

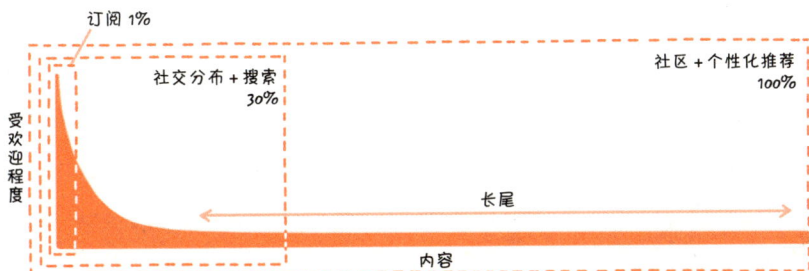

图片依据 2017 年阳陆育在腾讯媒体活动上展示的内容制作

前 30% 最具吸引力的内容。这相当于推特网使用的模式。第三种模式是阳陆育对 Musical.ly 未来的愿景，即通过个性化推荐，为该平台所有的长尾小众内容匹配到合适的受众。这个愿景与联合创始人朱骏的说法是一致的："Musical.ly 的分布模式必须变得越来越个性化。这样一来，父母的浏览经历将完全不同于孩子的经历。"

飞轮不会飞

　　需要更好的推荐技术来改善个性化，这将允许长尾内容创作者获得受众，还可以加强内容的多样性，使该平台吸引青少年以外的受众。通过内容和数据的积累，Musical.ly 本应受益于推动其增长的两个良性循环，但事实证明，这两个效应都受到了极大的阻碍。

　　由于 Musical.ly 的技术存在着种种局限，更多的用户行为数据并不能带来更好的推荐。而因为内容缺乏多样性，更多的内容并不能带来更好的用户体验。喜欢跳舞视频的人已经拥有了很多吸引人的内容，他们看也看不完。因此，添加更多的舞蹈视频并不会改善用户体验。

　　这家初创公司面临着"鸡和蛋"的问题。由于所有内容都是用户原创，而年纪较大的用户很少，这意味着几乎没有适合他们的内容被制作出来。如果没有观众，为什么还要制作内容？如此一来，即便有年纪较大的用户加入，也会很快离开。解决方案是拓宽内容提供的类型，慢慢地增加用户基数。

　　"我们意识到，虽然照片墙和 Snapchat 是社交图谱的领导者，但Musical.ly 是内容和创造力的领导者，这是一个机会，而非障碍。它将是智能手机一代的移动电视，为了吸引年龄较大的用户，我们需要拓宽提供的内容，并向世界讲述这个故事。"产品策略师詹姆斯·韦拉尔迪在后来的推介中解释道。

最后，再来看看 Mindie

　　在一次采访中，阳陆育被问及中美两国在竞争方面存在哪些差异，他的评论非常有见地。

　　"在美国，竞争模式不一样，所以有可能通过创造口碑来有效地进行市场营销。在那里，如果你在一个领域做出了创新，你的竞争对手就会试图创造一个不同的东西，这样你们是通过不同的特色来竞争。"

　　这正是他们和 Mindie 的法国企业家之间的竞争方式。当 Musical.ly 开始通过视频挑战来推动内容创作而获得成功时，Mindie 团队不愿复制这种模式。相反，这两款应用有着不同的侧重点。Musical.ly 最终转向对口型，Mindie 则选择专注于社交故事，并设法与 Snapchat 整合。Mindie 团队友善地回顾了发生的一切："Musical.ly 做了大量工作，去优化和扩展我们最初创造出的成果。"联合创始人斯坦尼斯拉斯这样表示。阳陆育还讲到了他对中国当地市场竞争的看法。

"在中国，竞争的方式有所不同。假如你做得好……别人就会效仿，和你做得一模一样……这里的人有着非常不同的经商逻辑，他们认为投入了资金，就能快速获得市场份额，一旦得到了市场份额，就能把别人踢出局……人们没有耐心慢慢发展。中国的一切都发展得太快了，人们失去了耐心。"阳陆育称，一场更具挑战性的全新竞争才刚刚开始。到目前为止，Musical.ly 发现自己陷入了一场战斗，对手则是更强大更可怕的字节跳动。

第六章

Awesome.me

抖音最初的团队在抖音 1.0 版发布前合影留念

你们的产品太简单了。就这么一辆又破又旧的车，也
想上高速？

————抖音早期的用户反馈

章节大事记

2013 年：字节跳动聘请了"产品大师"张楠

2015 年 7 月：短视频应用小咖秀走红，后不久就人气下滑

2016 年 9 月：字节跳动发布了 A.me

2016 年 12 月：A.me 更名为抖音

2017 年 3 月：第一个流行的抖音视频出现

2017 年 9 月：抖音推荐系统升级

2017 年 10 月：在中国的黄金周假期，用户黏性激增

2018 年 1 月：日活用户达到 3000 万

2018 年 2 月："karma is a bitch"视频段子在网上疯传

2018 年 11 月：日活用户达到 2 亿

个子不高的张一鸣穿着一身黑色衣服站在舞台上。他身后有两块至少 15 英尺[1]高的巨大 LED 屏幕，延伸到这个大型会议厅的两端。在他面前，黑暗中的观众席上坐满了人。数百名嘉宾来自内容制作公司、网红管理公司，还来了很多记者和网络达人。让人想起摇滚音乐会的闪光灯划过天花板，十分引人注目。

张一鸣天生就不适合公开演讲。员工们常常对他口音浓重的普通话和矜持的性格、轻声细语的说话方式感到惋惜。他在过去两年中取得了相当大的进步。"只要坚持学习，有毅力，就能掌握任何技能。"张一鸣向来都用这个标准方法来克服自己的缺点。他以史蒂夫·乔布斯的风格结束了他的开场演讲，选择在结束时带来一个高潮，而这个高潮只包含一点："在接下来的 12 个月里，我们将向视频短片创作者提供至少 10 亿元人民币的补贴。"

"10 亿"的红色粗体字出现在屏幕上，在它的衬托下，张一鸣看起来更瘦小了。观众前来，就是为了听他宣布这件事。字节跳动等平台公司烧钱补贴，视频创作者迎来了又一个发薪日。

到 2015 年，整个中国的互联网行业都知道，视频业务正在兴起，各个平台迫切需要确保涵盖各种视频内容。问题在于，短视频制作者尚未

---

1. 1 英尺合 0.3048 米。——编者注

找到一种可持续的商业模式。他们发现让别人看自己的视频很容易，要借此过上舒适的生活却很困难。在众多平台竞相吸引注意力的情况下，立即吸引内容制作人的最佳方式之一就是向他们支付费用。实行这样的战略，该领域就变成了一个新的补贴战场。数十亿的资金投入其中，以吸引制作工作室和有才华的创作者。

字节跳动加入竞争相对较晚。中国已经有几十个应用程序引入了新的视频消费方式，包括 Vine 和 Dubsmash 的本地改编版。美拍是中国最大的照片编辑应用美图旗下的短视频应用程序，深受城市年轻人的喜爱。市场领军者快手在中国的小城市里赢得了数千万用户。从熟练专业的制作公司到时尚界有影响力的人物，再到在田里录制视频的农民，中国短视频市场吸引了所有人。

字节跳动的旗舰应用今日头条已经推出了短视频功能，其使用量正呈爆炸式增长。2016 年第一季度，活跃用户平均每天使用该应用的时间达到了惊人的 53 分钟。到 2016 年第三季度，这个时间增长到了不可思议的每天 76 分钟。超过一半的增长来自短视频。2016 年上半年，今日头

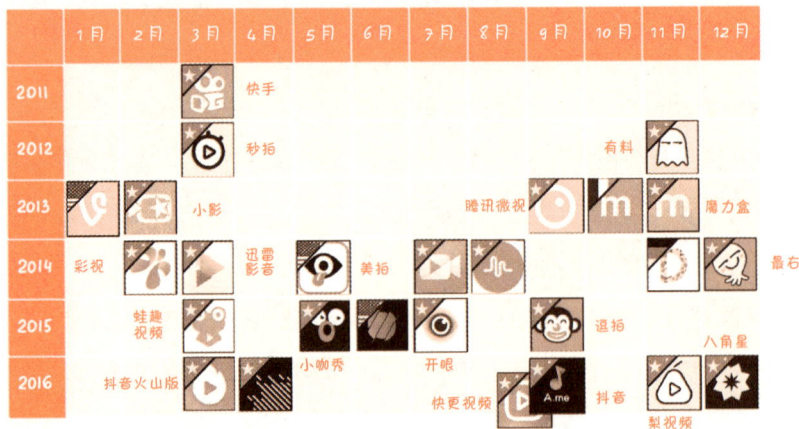

2011—2016 年上线的短视频应用程序（非详尽无遗）

条短视频消费以每月 35% 的速度增长！团队再也不能坐视不理了。他们必须投入大量精力来构建专门的短视频平台。

三管齐下策略

在决心加入竞争，进入"红海"短视频市场后，字节跳动的下一个问题是"如何才能做好短视频应用？"答案很简单：模仿最好的那个。字节跳动选择通过多种途径抓住机遇，并开始模仿已经奏效的模式。

三管齐下的策略包括：西瓜视频模仿全球在线视频领头羊 YouTube，火山小视频对标当时俨然已经成为中国短视频市场领导者的快手。最后，这个组合中的"通配符"就是 A.me，后来更名为抖音，它是西方年轻人短视频市场的领导者 Musical.ly。

字节跳动否定了创建类似 Netflix 或 Hulu 这样长视频平台的想法。在中国，这个市场的竞争已经非常激烈，三大巨头百度、阿里巴巴和腾讯支持的三家大公司在用烧钱的方式抢占市场份额。更重要的是，这些平台的成功，往往是通过独家高预算的专业内容。这让字节跳动无法发挥在算法推荐方面的优势。然而，短视频正好搭配该公司已经存在的技术"护城河"。

在这三款应用中，A.me 后来更名为抖音，管理团队对其前景最不乐观。Musical.ly 本身就未能成功打入中国市场，而在国际市场上也处于增长停滞状态。在美国，Musical.ly 很受青少年的青睐，中国的青少年却没有那么多空闲时间，他们有很多作业，课后还要参加补习班。人们对 A.me 没有把握，还因为对口型短视频应用小咖秀这个很突出的例子（小咖秀在

西瓜视频　　Youtube　　火山小视频　　快手　　A.me　　Musical.ly

构成字节跳动短视频新战略的三大应用程序：西瓜视频、火山小视频和 A.me，以及它们最初的对标对象 YouTube、快手和 Musical.ly

2015 年上线之际曾大受欢迎，但人气很快下滑，结果只是昙花一现）。

许多人认为，这种以娱乐为主的短视频应用不适合中国，因此，A.me 获得的资源相对较少。从基本上来说，A.me 不过是个附加赌注。

火山小视频遵循了中国本土已得到验证的可行模式，大部分的预算都被用于推广这款应用，从而与蓬勃发展的国内竞争对手快手正面交锋。

管理 A.me 的责任落在了张楠的身上，她负责监管用户原创内容的平台。张楠 30 多岁，留着一头短发，戴着眼镜，2013 年，她创办的在线图片社区图吧被字节跳动收购，她本人也进入了字节跳动。她是互联网行业的资深人士，曾连续创业，在任职的前两家公司里[1] 都是创始员工。

张楠素以擅长发展社区而闻名，而这是建立用户原创内容平台的关键过程。这与今日头条的模式大不相同，后者是用户被动消费，而不是主动创造。张楠负责字节跳动旗下的多个平台，Musical.ly 复制版 A.me 只是众多项目中的一个。

1.即数位红和千尺无限，她分别任职了三年和四年。——作者注

了不起的年轻人

小安（音译）很紧张，她在字节跳动总部的面试进行到了一半。大学毕业后，她希望进入职场，找到第一份真正的工作。她之前在字节跳动实习过一个夏天，上周，她那时的老同事王晓蔚给她发了一条信息："我在做一个新项目。你要不要来看一看？"就这样，小安此时坐在了面试室里。她有点尴尬地笑了笑，尽量不表现出紧张的样子。

面试官俯身给她看手机。"你将要加入的团队正在开发一个新的应用程序。这是测试版。"小安礼貌地笑了笑，低头看了看手机。屏幕上的视频立刻映入她的眼帘。"这是什么玩意？以前从没见过。"她心想。那个视频占据了整个屏幕，还可以自动循环播放。"赞"和"分享"按钮覆盖在视频的顶部。"这个应用程序很奇怪。"她想。

"你觉得怎么样？"面试官问。"很有意思。"这是她唯一能给出的礼貌回答。

王晓蔚接着安排小安在知春路附近一家热闹的烧烤店去见几名团队成员，那家店离办公室不远。到了夏天，人们都在街上吃晚饭，场面十分喧闹。工作了一整天后，人们碰杯，互相敬酒。喝着冰镇瓶装啤酒，吃着多汁的烤肉，小安被介绍给了 A.me 团队。

张祎是产品经理，喜欢极限运动，手臂上刺着文身。每个周末，她都去郊区骑摩托车。李简是一名大三的学生。王晓蔚在一个直播应用上看到他弹吉他，就把他挖了过来。此前，他从未在互联网行业工作过。

"见鬼！这支团队太年轻了，肯定很有趣。"小安回忆起她见到未来同事时的第一印象。这个团队确实缺乏经验，却莫名地吸引她加入其中。

字节跳动目前拥有 2000 多名员工。A.me 团队只有不到 10 人，在总部二楼的一小片办公区域里一起工作。他们就像一个小型初创企业，在一个大得多的组织中运作。A.me 应用注册在独立公司北京微播视界科技有限公司名下，该公司的法定代表人是张一鸣的大学室友梁汝波。

团队中没人拥有从零开始制作完整应用程序的实践经验。大约 10 名程序员受邀前来，花了一星期时间开发出了小安面试时看到的测试版。那个版本一团糟，有很多漏洞。设计和程序团队都很受挫。对于那些在设计师眼里非常明显的布局，也必须明确标记出来，不然程序员就无法按照设计师的意愿来构建应用。24 岁的设计师纪明回忆说："我每天千辛万苦做出来的东西却让人很不满意，感觉糟透了。"

为了改善用户体验，团队还邀请附近中学的学生到公司聊天。他们讨论了喜欢用什么类型的应用，以及为什么喜欢这些应用。纪明发现，学生们只能根据市场上现有的应用进行判断，想象很难超越现有的范围。这让团队想起了史蒂夫·乔布斯的一句名言："大多数时候，你把设计给用户看之前，他们根本不知道自己想要什么。"

A.me

9 月底，团队准备好了。这款应用的第一个版本以"A.me：音乐短视频"为名进入了市场，团队没有进行大张旗鼓的宣传，业内也没有给予太多关注。[1]

---

1. 原来的网站 amemv.com 现在会跳转到 douyin.com。——作者注

"A.me，一个分享和拍摄音乐短视频的时尚平台。让音乐的情绪带你飞。展现你的自信和个性。随意展现。在这里，每一个时刻都是你，而且就有你！"这就是 A.me 的产品描述。"A"代表 Awesome（了不起），应用的徽标是一个红色音符，背景是独特的黑色。

应用发布了，却没有让世界为之瞩目。团队每天早上都会收到一封自动生成的电子邮件，上面列出了最新的活跃用户数量。运营了一段时间后，他们决定删除所有内部员工创建的账号，以获得这款应用更准确的运行情况。活跃用户数在第二天下降了一半。

"太沮丧了。"小安回忆道，"我不知道每天在做什么……产品功能非常糟糕。"她对这款产品没有信心，只能硬着头皮去找名气不大的网络红人，让他们在该应用上发布内容，她觉得非常尴尬。

在受邀访问该平台的早期用户中，有一位鲜为人知的创作者"薛老湿"，他是一名在加拿大的中国留学生。试用过这款应用后，他一开始拒绝了入驻邀请。"你们的产品太简单了。"他抱怨道，"就这么一辆又破又

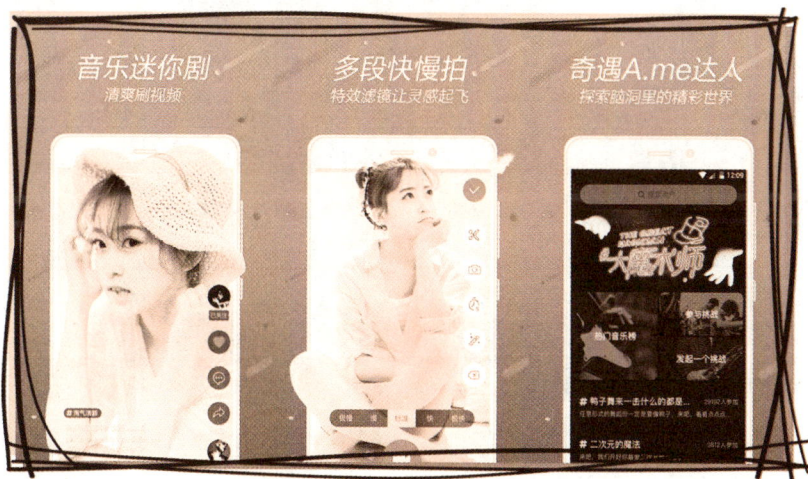

在应用商店橱窗推广 A.me 1.0 版

旧的车，也想上高速？"

团队没有召集名气大的网红，而是找了大约 20 名 A.me 官方支持的"创作者"来创作视频，这些人都是从其他平台招募来的，包括 Musical.ly。团队的目标是利用这些创作者的内容去激励和培养其他早期用户创建视频。

与 Musical.ly 在美国的经历差不多，一些年纪很小的小学生和初中生受到吸引，开始使用这款应用。最初的一些官方挑战项目就是针对这个年龄段的用户的。但由于不具备 Musical.ly 那样的文化和生态系统，这些孩子能够创造的内容种类非常有限。

缺少上传有趣视频的人是团队面临的一大问题。证明不了这款应用能够留住并扩大为数不多的用户基数，就永远无法从母公司获得适当的支持。在当前情况下大力推广该应用，无异于把水倒进底部有个大洞的桶里。

12 位最早的 A.me 视频创作者，他们身着印有 A.me 品牌名称的 T 恤衫

和逗莎包一起参与
可爱木偶舞
零食大礼包等你来拿

和 Paris 一起
一人一首"呆萌妹"
前三名有零食大礼包

oo 后，go 后
卖萌大赛

A.me 早期官方挑战的应用宣传标语

解决方法：像对待皇室成员一样对待他们

团队采取的第一个行动，是像对待皇室成员一样，对待现有的为数不多的热门创作者。运营团队每天与他们单独聊天，认真倾听他们的想法，让他们感觉自己参与了平台的成长，塑造了平台的方向。如果一位北京用户遇到了在网上解释不清的问题，他们就会被邀请到字节跳动的食堂，一边享用免费的食物一边聊。

就像 Musical.ly 一样，团队利用主题挑战建立社区，还积极鼓励用户分享他们根据共享段子创作的视频。用户可以随意发起挑战，这有助于团队了解人们喜欢哪种内容，并引导他们选择官方挑战。许多最初的官方挑战并非源自团队，创意都是在与早期视频创作者交谈时产生的。团队会用相机、名人周边或零食作为奖励，送给最好的视频制作者，这可以让人们感到自己很特别。排名靠前的内容创作者可以进入应用的榜单，比如"最受欢迎排行榜""最活跃排行榜"或"每周新秀榜"，这也有助于培养社区意识。

A.me 使用的战术，正是所谓的"运营"的一部分。严重依赖运营来实现增长，是中国互联网的典型特征之一。在西方的科技公司里，获取用户的任务通常属于市场营销、销售或发展团队，他们倾向于通过高度可扩展的数据和技术方法系统地实现用户增长。除了既有技术，中国企业还喜欢使用劳动密集型的手工方法去推广和发展他们的平台。例如花钱请名人代言和在媒体上做广告，在其他平台上运营推广账号，定期举办比赛和节日促销活动。运营团队通常整天都很活跃，维护与外部利益相关者的关系，包括用户、创作者和推广合作伙伴。

在中国，劳动力成本低廉，使得运营更为可行，但主要的驱动因素在于网络环境——数字化营销的基础设施落后于西方同行。在中国"付费参与"模式的围墙花园生态系统中，搜索引擎优化效果大不如前。

A.me 甚至指派客户经理对接个人创作者，他们尽一切可能取悦创作者，甚至请他们吃饭，帮助他们解决学业或感情问题。团队工位旁有一个大箱子，里面装满了拍摄视频用的各种工具，比如假发、眼镜和有趣的标语牌。赶上早期用户过生日，运营团队会为他们录制独家视频。到了圣诞节，团队实习生甚至申请信用卡，在亚马逊上为最初拒绝加入的加拿大留学生"薛老湿"订购了一棵圣诞树。

漫长的冷启动期：是否该放弃？

中国的互联网是一个残酷的战场，容不下多愁善感。表现不佳的产品每天都被毫不客气地关闭和遗忘。从根本上说，A.me 是一个内部创业团队。这样的项目，其失败往往在意料之中。

由于表现糟糕，团队即便被裁撤，也不会有人觉得奇怪。"是否放弃一个项目，我们主要看数据。"字节跳动的主管陈林说，"但领导者也必须有自己的判断。"领导者需要判断数据为什么不好。

市场细分比他们想象的还要小？他们是否误判了人们的需求？或者，他们只是欠缺执行力？也许字节跳动没有合适的公司基因，做不出年轻人喜欢的应用？在最初的几个月里，这些都是合理的怀疑。

最后，张一鸣这样解释："逻辑上正确的事一定是对的。别人已经验证过（这条路）可行，我们数据差是我们自己没做好。"

导致 A.me 早期表现不佳的许多问题都在一一解决。这款应用本身构建得并不好，存在许多漏洞，只有一些基本功能。这一点基本上已经得到了修正。A.me 最初的定位很混乱，希望吸引青少年和 20 岁出头的人。通过对这款应用更名和重塑，他们可以把注意力集中在一个更精确的目标人群上：时尚的城市年轻人。

重新设计

A.me 标志性的深色调色板很受欢迎，但 A.me 这个名字对中国人来说不够直观，需要起一个新名字。考虑到音乐在这款应用的体验中扮演着至关重要的角色，一名团队成员想到创作者和观众都会在不知不觉中随着音乐摇摆身体，就给它起了"抖音"这个名字。

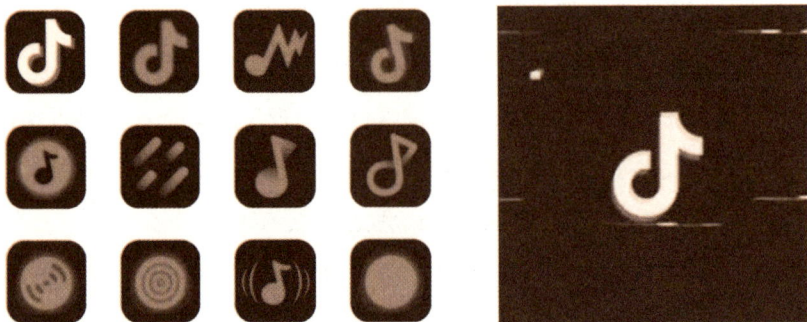

抖音和 TikTok 现在使用的标志性徽标的原始设计概念

在数百个备选名字中，"抖音"最受欢迎。接下来，他们需要一个徽标。

负责重新设计的年轻设计师听了一场摇滚音乐会，周围是黑暗的舞台，彩灯来回旋转，光束不停闪烁。设计师有了灵感。受到音乐会现场迷幻视觉效果的启发，他开始创作一幅能捕捉演出的愉悦感觉的图像，并决定使用音符标志♪。他尝试了各种滤镜，最终选择了"信号干扰效果"。这种风格让人想起老式电视在信号弱时产生的静电失真。总体印象完美地传达了抖动的感觉。音符♪改变成字母"d"的形状，代表应用名称"抖音"的第一个字母。这个徽标完全符合团队对产品的设定：与众不同，极具创意，一眼就能认出来。

不幸的是，这一未来愿景与该应用的实际情况仍然相去甚远。数字并没有说谎：上半年的运营数据没有亮点。

"构建社区"：抖音之道

随着品牌重塑的成功，团队又投入了更多的预算，抖音现在被重新定位为面向时尚年轻城市精英的流行应用。但要实现这样的转变，团队需要迎头解决他们最大的问题：缺乏高水准的年轻内容制作人。

艺术院校的大学生就是解决办法。抖音团队深入全国各地的艺术院校，寻找长相好看的学生作为其用户。团队总共说服了数百名这样的学生入驻平台，并承诺帮助他们在网上走红。事实证明，这个办法非常有效。大量用户的拥入帮助平台建立了原创内容库，并为这款应用确立了炫酷时尚的基调。

随后，运营团队开始提升视频的关注程度，以鼓励他们培养时尚内容。因此，不符合社区基调和价值观的视频很难获得关注。

抖音动员所有员工从竞争对手那里挖掘创作者。他们在主要的中国社交媒体平台上寻找合适的人才，甚至在 Musical.ly 上寻找海外华人，一个一个地给他们发信息。为了加快这一进程，他们还开始与"多渠道网络"达成协议，这是 YouTube 早期出现的一类组织，可以专业地管理创作者群体。

与此同时，团队还积极地在其他短视频和社交媒体平台上注册账号，发布带有水印的抖音视频。与 Musical.ly 一样，水印是关键。水印就像迷你广告，对视频感兴趣的人看到水印，就会去应用商店搜索。后来，视频制作者的唯一用户 ID 会被添加到闪烁的抖音徽标旁边。这个关键的小变化进一步鼓励人们把他们的视频分享到其他平台，因为这可以引导人们访问他们的账户，增加他们的粉丝数。

运营团队会持续搜索平台，寻找可用于在其他平台上推广的内容。

到 2 月份，抖音走红的第一个迹象出现了。源于抖音的舞蹈段子"搓澡舞"蹿红，开始在其他许多平台上有机地传播。

3 月，另一段视频引起了团队的注意。有人模仿著名相声演员岳云鹏，模仿者无论是长相还是神态都与岳云鹏十分相似。团队多次追踪这位名人的官方社交媒体账号。经过坚持不懈的努力，他们终于吸引到了岳云鹏的注意。他将模仿视频分享给了他的数百万粉丝。这段带有闪亮的抖音徽标水印的视频收到了 8 万多个赞和 5000 多条转发。第二天，抖音的百度指数（中国版的谷歌趋势）大幅上涨。

我不够酷，用不了这个

抖音继续加强品牌定位，力求打造最酷的应用程序。2017 年初夏，该公司开始了一场电影贴片广告宣传活动，他们播放的 30 秒广告堪称快节奏的杰作，疯狂抖动的摄像效果与雷鸣般的电子节拍相得益彰。一位业内人士表示看完广告后感觉"眼花缭乱"，还说"这个产品太酷了，不适合我"。

在播放电影广告的同时，团队还进行了线上广告推广活动，在这些简短、有趣、互动的广告中，蒙娜丽莎和林肯等著名历史人物都在使用抖音。这些原创广告很有意思，执行良好，在中国的社交媒体上疯传，不仅引起了人们的好奇心，还建立了品牌知名度。

那年夏天，抖音为一档新的选秀节目《中国有嘻哈》提供赞助。有了几位大牌明星的加盟，该节目在中国城市年轻人中很受欢迎。嘻哈文

在 2017 年的抖音广告中，蒙娜丽莎戴着眼镜，很像亚伯拉罕·林肯的人在抽烟

化风靡一时，部分原因要归功于这档节目。抖音堪称完美的工具，可供中国的年轻人创作他们自己的说唱音乐、霹雳舞、节奏口技和街舞视频。有"中国蕾哈娜"之称的女选手 VaVa[1] 这样评价："所有喜欢嘻哈的人都玩抖音。"

这有点像对口型假唱大赛在美国市场上为 Musical.ly 力挽狂澜。《中国有嘻哈》及其竞品《这！就是街舞》等节目将抖音推到了中国青年文化的前沿。

因为知道中国年轻人十分在意自己在网上的个人形象，抖音成立了一个专门的程序团队，打造一流的美颜滤镜和特效。这降低了内容创作的门槛，让用户有信心不化妆也可以拍摄视频。

9 月，字节跳动完成了一轮 20 亿美元的融资，公司估值为 220 亿美元。这些资金的流入，有助于确保为抖音一直开展的大手笔推广活动提供稳定的现金流，而此时，宣传进入了下一个阶段：线下活动。

---

1. 中文名：毛衍七。——译者注

人们为张一鸣疯狂

数百名打扮入时的年轻人齐聚北京 751D·PARK 时尚设计广场。751 位于北京东北部，是一个由大片工业厂房改建成的嘻哈文化场所。人们头戴棒球帽，身穿色彩鲜艳、十分宽松的嘻哈风格的服装，脚上穿着限量版的运动鞋。751D 被改造成了类似才艺比赛《美国偶像》的舞台，横跨两层楼，闪光灯投下绚烂的灯光，音乐高声播放着，舞台背景时尚酷炫。这是一场独家派对：300 名抖音顶级创作者欢聚一堂，庆祝该应用上线一周年。

这些被称为"新世代网红"的网络明星来到这里，不仅仅是为了社交和享受生活。每位网络达人都清楚，这是一场不言而喻的竞争，旨在从当晚获取最佳内容。他们都在努力争取成为更红的超级明星，而他们的武器就是短视频。

有的红人互相认识，便三五成群聚在一起，他们的助手则不知疲倦地为他们拍摄 15 秒视频，并精心制作成视频小品。有的红人独来独往，在舞池里漫步，全神贯注地为他们的自拍视频寻找理想的灯光背景。不太知名的网红紧张地接近名气较大的达人，提议一起录制舞蹈，以吸引其他网红的粉丝。响亮的嘻哈音乐一直在背景中播放着，创作者们忙着修他们刚拍好的视频。编辑完成后，他们上传作品到平台，焦急地等待应用程序的算法来判断谁能吸引更多的眼球。

舞队走上舞台展示舞技。说唱歌手试图用巧妙的歌词给人留下深刻印象，台下的观众不停地随歌曲甩着头。后来，就在主持人准备颁奖的时候，观众后面突然爆发出一阵骚动，打断了颁奖仪式。

原来是张一鸣来了。他头戴黑色棒球帽，身穿灰色 T 恤，张利东

2017 年 9 月，张一鸣和张利东出现在抖音一周年的推广活动上

和他在一起。观众顿时变得狂热起来。CEO 竟然不请自来！他马上就被包围了，人们纷纷要求与他合影、拍摄视频。周围的人疯狂地大喊大叫，这位企业家只是面带微笑，冷静地把手放在身体两侧。与大都是青少年的超级时尚的嘻哈爱好者在一起，这位 34 岁的程序员不免感到有些尴尬。

抖音已建立起了一个强大的社区，势头强劲，即将大展拳脚：张一鸣早已通过数据知道了这一点，但活动现场的气氛给了他实实在在的证明。

突破

从 10 月 1 日起，为期 7 天的中国法定假期"黄金周"拉开了序幕。这样的时期对中国互联网行业来说是巨大的机遇。人们在这一星期里会做很多不同的事，许多人有更多的时间用来娱乐和尝试新事物。

10 月份，抖音的日活用户从 700 万翻倍至 1400 万。两个月后，他们的日活用户达到了 3000 万。在这 3 个月里，30 天用户留存率从 8% 上升到 20% 以上，用户花在该应用上的平均时间从 20 分钟上升到 40 分钟。这就好像突然加入了一种神奇的火箭燃料，每一个关键指标都得到了助推。那么，这种变化背后的原因是什么呢？

答案就是朱文佳。朱文佳是 2015 年从百度加入字节跳动的，人们普遍认为他是整个公司在算法技术方面的前三名。他管理着字节跳动最有能力的程序团队之一，最近则被派去负责抖音。他领导团队充分利用字节跳动的内容推荐后端功能，在 10 月份实现了令人震惊的巨大发展。

抖音的指标越好，字节跳动为该应用投入的资源就越多，因为抖音现在拥有良好的留存率，很快就将成为一款具有重要战略意义的产品。突然间，公司在各方面都给予了很大的支持，比如人力、资金、用户流量、名人代言、品牌合作。最重要的是，通过字节跳动强大的推荐引擎，抖音得到了充分的整合和优化。杨幂、鹿晗、吴亦凡和 Angelababy 等拥有大量粉丝的中国明星纷纷入驻抖音，参与宣传活动。抖音还计划在全国范围内举办"抖音派对"活动。就这样，抖音成为中国最热门的应用程序之一。

字节跳动加大了对包括抖音在内的三款短视频产品的投资。人力、资源、广告预算都已筹集到位，一位业内人士后来评论道："抖音的突然崛起不是平白无故的。张一鸣砸钱比谁砸得都多，挖人也敢挖最能干的人。"

　　抖音的商业化开发，始于爱彼迎、哈尔滨啤酒和雪佛兰三个品牌最早做的广告。抖音的广告业务很快就取得了快速发展。字节跳动拥有数百名销售和营销人员，他们立刻就能把为抖音拉广告商添加为自己的销售目标。

　　张一鸣在随后的采访中透露，公司要求管理团队的所有成员制作抖音视频，必须获得一定数量的赞，否则就要受罚，比如做俯卧撑。仅仅看图表和数据是不够的。管理层还需要从创作者的角度去理解短视频。张一鸣刷抖音视频刷了很久，但是，他承认，创建抖音视频对他来说是"一大步"。

张一鸣在抖音上的个人账号（3277469）。截至本书撰写之际，他一共上传了 17 条视频，其中包括他在世界各地旅行的片段

火爆的变装段子 "karma is a bitch"

　　打开视频，可以看到一名年轻女子打着哈欠，穿着睡衣，头发乱糟糟的。她戴着眼镜，没有化妆，漫不经心地对口型说了一句话："karma is a bitch"，同时将一条丝巾抛向空中。突然，响亮的背景音乐响起。一瞬间，她变成了一个迷人的时尚美女，与刚才判若两人。这个新段子在抖音迅速蹿红。

　　"karma is a bitch" 与 "不要评判我" 挑战差不多，三年前，正是 "不要评判我" 挑战让 Musical.ly 在美国应用商店的排名飙升到第一。"karma is a bitch" 是抖音的另一个突破。人们喜欢看这些出人意料的变装视频。这个段子的视频合集开始在网上流传。一些女性的化妆技巧让许多男士难以置信。"karma is a bitch" 对主流文化产生了影响，获得了广泛的认可和宣传，甚至在英语全球媒体上掀起了热潮。

　　抖音还加大力度，将朗朗上口的流行歌曲打造成火爆的热门曲目。2017 年年末，一首名为 "Ci 哩 Ci 哩" 的歌在抖音走红。不可否认，这首歌悦耳易记，活力四射，也很有感染力。然而，正是与这首歌搭配的一套新颖的舞蹈动作，使这首歌成为一个火爆的段子，并戏剧性地放大了它的成功。

　　这首歌实际上是罗马尼亚雷鬼乐艺人马泰奥在 2013 年发行的，原名《巴拿马》。歌曲在四年后意外流行，马泰奥甚至匆忙组织了一次亚洲巡演，以充分利用这首歌突然走红的机会。从 YouTube 上的一段视频可以看到，他到达杭州机场时，中国粉丝去接机，还在候机大厅向他展示舞蹈动作。这支舞蹈完全是在中国创造出来的，马泰奥看了一头雾水，感觉很尴尬，不知道如何跟上这首令他成名的歌曲的舞步。

抖音这个名字开始成为日常用语，变成了短视频的代名词，这或许是该平台对社会影响力日益增强的最可靠标志。"拍个抖音吧！"这句话不需要解释你也能明白。

下一场红包雨

字节跳动很清楚他们现在有了成功的公式。用户留存率很高，口碑很好，也培养出了一个庞大且充满活力的视频创作者社区。推荐引擎完成了任务，把最好的内容呈现给观众。抖音已经发展得如火如荼。现在是时候再加一把火，大把大把地"砸钱"了。

春节假期也是一年一度推广应用的难得机会。数亿人回家与亲人团聚，有空闲时间好好放松。像抖音这样的娱乐应用是消磨时间的最佳方式，家庭成员之间自然会互相推荐。

为了实现进一步发展，抖音发起了春节"压岁钱"活动，直接向用户发放红包。用户点击特定视频中的"红包"图标，就能得到小额现金。人们会在节日期间互送装有现金的信封，而抖音发放的则是电子版红包。字节跳动还全力以赴，花大价钱在主要线上渠道发布广告，进行宣传，以获取用户，每天的花费约为 400 万人民币（折合 50 多万美元）。这些举措带来的结果就是抖音登上了中国应用商店排行榜的首位。各种报道都称，在 2 月至 3 月春节期间，抖音的日活用户从约 4000 万跃升至 7000 万，其中一些抖音红人的粉丝数翻了四倍。

有了这样的成功，字节跳动更加大胆地加大了对抖音的投入，将每

—— 日活用户（百万）

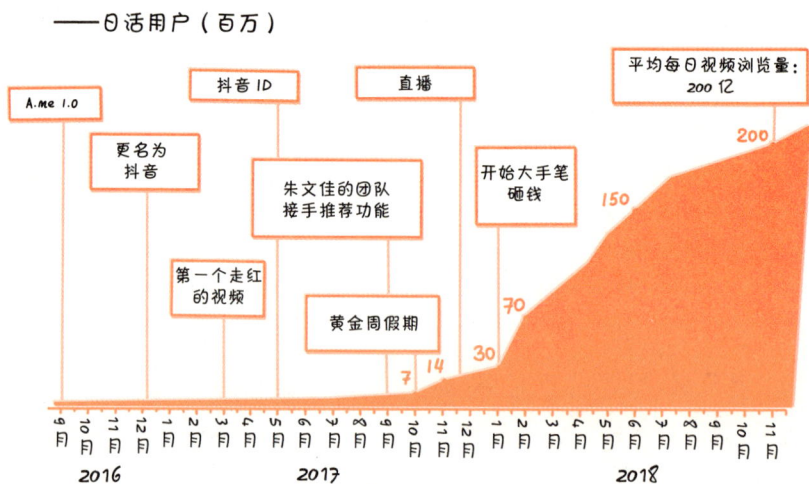

抖音运行头两年从零到 2 亿日活用户的发展历程图示

日推广预算提高到 2000 万人民币（折合 280 万美元），在每个愿意收钱的渠道上购买流量。到 4 月份，抖音日活用户已超过 1 亿。

凭借庞大的用户群，抖音开始吸引数字营销人员的注意，在这些人眼里，抖音、微信和微博都是品牌"必争"的社交媒体平台。"两大巨头"变成了"三大巨头"[1]。通过今日头条庞大的媒体和广告平台，字节跳动已经与中国各大专业媒体、营销机构和品牌建立了广泛的联系。字节跳动想方设法鼓励所有人开始制作视频，并将预算分配给抖音。

在 2018 年剩下的时间里，抖音继续保持良好增长，成为主流应用程序，在全社会获得了很高的人气。

---

1. 营销人员称之为"双微一抖"。——作者注

抖音的成功之道是什么？

抖音最初只是 Musical.ly 的翻版——可以观看竖屏全屏 15 秒短视频、向上滑动屏幕、带来音乐新发现。自从 2013 年初版 Mindie 在巴黎一间地下室中被开发出来至今，此类应用的核心体验并没有改变。然而，Musical.ly 和抖音取得了截然不同的结果，这就引出了一个问题：是哪些因素促成抖音在 Musical.ly 失败的领域取得了成功？

1. 基础设施

首先，我们需要承认的是，不管字节跳动做了什么或没有做什么，仅仅因为比 Musical.ly 晚发布两三年，抖音就拥有了更有利的成功条件。到 2017 年，快速、廉价、稳定、无处不在的 4G 网络已经在中国广泛普及。像抖音这样以视频为主的移动应用只有在适合的网络基础设施广泛到位后才能获得主流用户的接受。廉价、快速地上传和下载视频，意味着可以即时创建和观看视频。到 2017 年，数据包价格低廉，人们负担得起，因此愿意在日常通勤的地铁上或在超市排队结账时使用手机流量刷视频，而这在几年前是不可想象的。

此外，其他支持技术也已经成熟，可以极大地增强视频观看体验。在一次讨论抖音崛起的推介会上，张楠提到了四个因素，即全屏高清、音乐、特效滤镜和个性化推荐。智能手机屏幕总体上变得更大，清晰度更高，这极大地改善了视频观看体验。人脸识别和增强现实效果已经变得司空见惯，这就使得更吸引人、更有趣的特效和滤镜得以问世。图像识别和计算机视觉取得了相当大的进步，大大减少了人工审核不适当内容的需要，还可以对缺乏元数据的视频进行分类。最重要的是，字节跳动在大数据和推荐技术方面取得了很大的进展，这为我们指出了下一个原因。

2. 来自母舰的支持

从表面上看，抖音在早期开发阶段与字节跳动的关系类似于"照片墙之于脸书网"或"微信之于腾讯"，即在一个大得多的机构中运营的一个小而灵活的初创公司。早期没有盈利的压力，也不必分心去拉投资，他们可以专心发展，创造最好的产品。既能独立于母公司，又能接触到母公司的专业技术、资金和基础设施系统，获得巨大的好处，这是大多数初创企业梦寐以求的好条件。

然而，由于字节跳动独特的组织方式，抖音获得的支持无疑比照片墙和微信这两个众所周知的案例更多。抖音（以及后来的 TikTok）拥有创始团队，但没有传统意义上真正的"创始人"。原因在于，与大多数大型西方社交媒体平台不同，抖音的成功并非源于个人的愿景。相反，它产生于企业内部一个系统的实验过程。

这款应用是字节跳动最初短视频三管齐下战略的一部分，当时，该公司选择对标三个成功且模式已被证明行之有效的应用 YouTube、快手和 Musical.ly，打造他们自己的短视频应用。他们的三款视频应用都连接到了公司现有的技术堆栈和大数据中，而最关键的元素则是推荐引擎和现有的用户兴趣图谱。

与新闻推送类似，短视频正好适合这一过程。用户每分钟通常会多次滑动或点击屏幕，每次互动都会透露更多关于他们的偏好的信息，这可以用来进一步丰富他们的兴趣图谱。相比之下，长视频提供的数据就少得多，人们看一集 45 分钟的电视剧，都不用碰一次屏幕。

由于起步较晚，字节跳动的主管们认为，他们必须付出很大的努力，才能打入短视频市场。视频显然是未来的发展趋势，尤其是在短视频方面，字节跳动是最有条件获益的中国公司。

等到字节跳动的几个短视频平台度过冷启动期并获得了最初的吸引力，字节跳动只需要评估哪些平台做得最好，并适当地分配资源和支持。这种"应用程序工厂"模式是理解字节跳动成功的关键。平台若是纯粹基于内容，很容易失去热度，变得无人问津。人们一旦厌倦了，就会把娱乐应用删除。他们升级了自己的设备，还有可能忘记重新安装删掉的应用程序，而这也没什么大不了。不断发布和测试新产品，可有效减少这种风险。字节跳动的建立，就是为了不断地进行自我改造。

开发多款应用来测试其是否受欢迎的做法，可以追溯到张一鸣以前就职的初创企业九九房。九九房开发了五款房地产相关的独立应用。多年来，张一鸣和他的团队极大地完善了这个方法。资源可以根据明确的

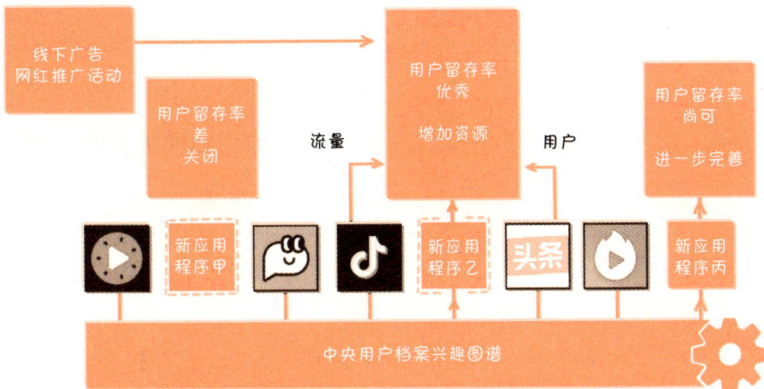

每个新的应用程序都可以从共享的技术堆栈中受益，而资源是根据表现进行分配的

指标进行分配。如果一款应用的数据显示出强大的用户黏性和留存率，就会向其分配更多资源，以提升其表现。

在经历了漫长的冷启动期后，抖音的数据终于显示出其前景喜人。预算、程序人才、流量、名人代言以及更高管理层的关注都自然地聚集在一个有效的增长渠道上。这个模式的另一方面是有胆有识。如果一个项目像抖音那样发展势头很好，张一鸣会毫不犹豫地批准巨额预算来加速这一进程。短视频项目尤为如此，抖音是后起之秀，张一鸣知道他们已经错失了先机。

3. 推荐的力量

以前，Musical.ly 团队误以为他们的应用首先是一个社交网络，因此浪费了大量的时间和精力。有了抖音，字节跳动的公司文化和技术堆栈与内容平台的真正价值可以说是互相吻合的。在基于内容的社区中，内容比人更重要。抖音是移动时代对电视娱乐的再现，而不是最先出现在脸书网上的那种新视频。

字节跳动有着非常强大的优质视频识别系统，甚至可以识别不知名的账号发布的高质量视频，并将其分发给广泛的观众。抖音及后来的 TikTok 都具有一个很大的吸引力，那就是他们让普通人也有机会成名。一名农民在中国最偏远地区的小棚屋里制作视频，只要他有才华，他就有可能在抖音一夜成名。正如美国一位著名的风险投资人后来谈到 TikTok 时说的那样：

"这就像数字化的《美国偶像》或《美国达人秀》，会吸引那些渴望展示才华的人……无论是极限运动视频、喜剧、唱歌还是音乐……即使他们现在没有粉丝，但只要他们做出了很棒的东西，并把它放到平台上，他们就有机会得到关注。"

　　好的方面在于每个人都觉得自己有机会走红。缺点是流量的分配不仅无从预测，也很不稳定。在有些达人上传的全部视频中，可能只有两三段有热度，其余很多视频的热度则很普通，而这种情况并不罕见。

4. 定位："记录美好生活"

　　2016、2017 和 2018 年，抖音经历了三次截然不同的定位。抖音及其内容生态系统发展极快，甚至无法从 2018 年年初的抖音上找到 2016 年年末 A.me 的影子。

　　一开始，A.me 的定位是模仿 Musical.ly，目标用户是 10 岁到 20 岁的女孩子。到 2017 年夏天，抖音则发展成为一款炫酷的应用程序，吸引到的是引领潮流的年轻艺术生和嘻哈偶像。2018 年年初，抖音又经历了一个重大转变。

　　字节跳动制定了一个深思熟虑的系统性战略，将平台的内容扩展到各种中尾和长尾的内容细分市场。旅游、美食、时尚、运动、游戏、宠物，每一大类都有丰富多样的内容，满足了所有人的口味。从签约吸引年轻人的时尚名人，到迅速加快内容多样性，打造更贴近大众市场的平台，他们采取了很多推广活动。抖音最初的口号是"让崇拜从这里开始——专注新生代的音乐短视频社区"。3 月初，宣传语变得更简单，也更中性，即"记录美好生活"。

　　"想象一下，全屏视频让手机变成一扇窗，你透过这扇窗户看到了一个丰富的世界，抖音是这个五彩斑斓世界的投影，感觉非常奇妙。"张一鸣在一次演讲中对公司员工解释道。

　　围绕音乐的定位极大地吸引了早期年轻的用户群体。Musical.ly、抖

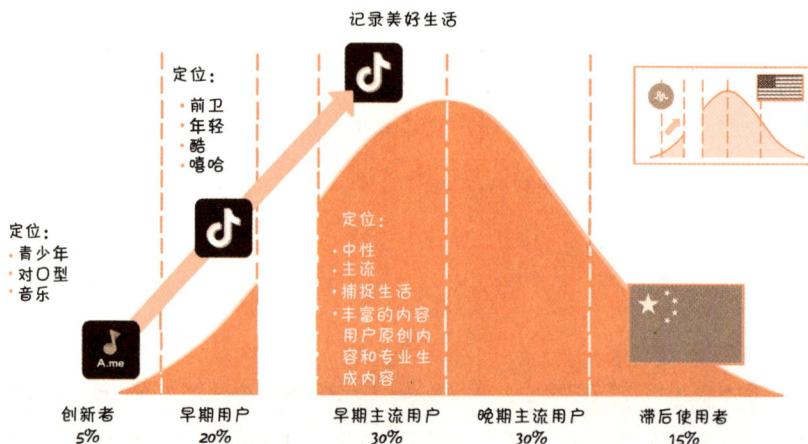

记录美好生活

定位：
- 前卫
- 年轻
- 酷
- 嘻哈

定位：
- 青少年
- 对口型
- 音乐

定位：
- 中性
- 主流
- 捕捉生活
- 丰富的内容
  用户原创内
  容和专业生
  成内容

创新者	早期用户	早期主流用户	晚期主流用户	滞后使用者
5%	20%	30%	30%	15%

随着抖音在不同市场领域的突破，其定位也发生了变化。Musical.ly 在西方市场上则没有做到这一点

音和 TikTok 都是强大的音乐发现平台，这可以追溯到 Mindie 团队最早的深刻见解：在视频中添加音乐就像给图片添加滤镜一样。但是，热门新歌对吸引中年上班族或老年人并没有多大帮助。以音乐平台为定位，可能会让消费者分不清你所提供的内容有何真正的价值，而你所提供的内容其实并非音乐，而是一般的娱乐。

这种定位上的转变可谓必不可少，可以让更多用户使用抖音。

但这并没有阻止网络营销人员拥入抖音平台。营销人员越来越认为，抖音带来了大好良机，必须要抓住。从众心理发挥了作用，现在就行动起来，趁着竞争还不那么激烈，赶紧占据有利位置。

抖音摇钱树

　　抖音使用的目标锁定系统是基于今日头条多年的广告经验，事实证明，在抖音做广告效果非常好。全屏自动播放视频广告可以每隔一段时间插入标准视频之间，只有一个标记为"广告"的小通知出现在屏幕底部的视频文字说明旁边。营销人员很快发现，用原始且不太精致的方式拍摄的广告很容易被误认为是普通用户原创的视频，从而骗过人们，否则他们会立即跳过任何他们认为是广告的内容。

　　抖音在一个关键方面与脸书网和照片墙很相似。网红、品牌、企业和普通人自愿花费自己的时间和金钱，制作出质量非常高的视频，然后免费将其上传到平台上。与之形成对比的是 Netflix、迪士尼＋、Hulu 或腾讯视频等专业的长视频平台。这些平台花费大量资金购买授权或制作高质量的内容，通常都会收取订阅费，以收回前期的高昂成本。

　　字节跳动知道他们需要建立基础设施，以帮助创作者把来之不易的粉丝流量变现。在抖音上赚钱越容易，人们就会付出越多的努力去创造高质量的内容、建立活跃的社区。直播打赏是快手上流行的一种经过反复验证的模式。抖音也成功地将这一模式整合到了抖音平台上。电子商务可以说是一种更直接的将注意力货币化的方式。一旦某个账号获得了一定数量的粉丝，创作者就可以在自己的视频中添加电子商务链接，让观看者去购买商品，这带来了巨大的机会。抖音的算法分发模式让热门视频获得了巨大的流量。将这一点与电子商务结合起来，意味着新颖的产品可以在短短几秒钟的视频中得到充分展示，从而大大提升销售量。抖音电子商务最主要的类别包括服装、化妆品以及食品和饮料。在 2018 年 12 月举行的网购节上，抖音前 50 名达人的销售额超过了 1 亿元人民币（相当于 1400 万美元），单日交易量达 120 万笔。

同行在苦苦挣扎：腾讯

面对抖音的意外爆红，竞争对手做何反应？这个问题的答案，为我们后来分析脸书网对 TikTok 的反应，提供了一个信息丰富的反例。现在来看一看字节跳动在国内的竞争对手腾讯。

腾讯拥有著名的"超级应用程序"微信，中国人在智能手机上所花费时间的一半都是用在腾讯旗下各款应用上的。这家互联网巨头总部设于深圳，主导着中国网络社交媒体和利润丰厚的游戏行业。简而言之，即便是马虎的旁观者，也会认为中国短视频市场的龙头仍将是腾讯。

腾讯早在 2013 年 9 月就通过模仿 Vine 的"微视"进入了短视频市场。巧合的是，微视的办公室也在北京西北部，距离字节跳动只有一条街。微视最初使用的办法是邀请很多名人入驻。CEO 马化腾在自己的账号发布视频，进一步吸引媒体关注。这款应用最初人气很高，在春节期间进行密集推广后，日活用户达到了 4500 万。然而，由于只有基本的功能，没有明确的方向，也缺乏公司内部的支持，微视很快便走向了没落，经历了和 Vine 相似的命运。微视的视频时长为 8 秒，比 Vine 的 6 秒限制长了一点，但仍然非常短。普通用户很难在 8 秒内讲完一个故事。微视也没有可以让人们轻松创作的滤镜和美颜特效。更糟糕的是，当时中国市场上普遍使用的是早期的安卓系统和塞班系统的智能手机，这样的手机屏幕分辨率很低，摄像头的像素也很糟糕。

当时短视频还处于探索阶段，行业还没有发现它的真正价值。每个人都是敷衍了事，短视频几乎没有明显的盈利机会。没人能想到短视频会发展成这么大的市场。与 Netflix、Hulu 或 YouTube 类似的长视频应用在人们眼中更为关键，因为它们拥有付费订阅和播放前广告等业已建立起来的商业化模式。

综上所述，腾讯早在字节跳动之前就顺应趋势，开发了短视频市场。Vine 在美国市场流行 8 个月后，腾讯就发布了中国版的 Vine。然而，这并没有转化为任何先发优势。2015 年 3 月，微视总经理离开了公司，该应用也停止了更新。

时间快进到 2017 年年初，这时的腾讯正如日中天。超级应用微信的支付业务蓬勃发展。腾讯视频在 Netflix 风格的长视频市场上处在领先地位，而游戏部门的热门网游《王者荣耀》经历了爆炸式增长。腾讯大获全胜。这款游戏就像一台印钞机，月营业额超过 4.2 亿美元（30 亿人民币）。

腾讯并没有在互联网的每一个领域内都展开竞争，而是采用向盟友投资的策略，以持有少数股权的方式支持一流公司，从而毫不费力地将它们的服务整合到更广泛的腾讯生态系统中。

腾讯宣布向当时短视频市场的领头羊快手投资 3.5 亿美元，将其估值推高至 25 亿美元。这笔交易被广泛认为是明智之举：腾讯在蓬勃发展的短视频领域又获得了一个重要的盟友，精明的投资必将带来可观的回报。这一投资与腾讯在电子商务、搜索、外卖和网约车领域采取的行动类似。在投资快手的一个月后，微视正式关闭。与此同时，抖音刚刚

2017 年，张一鸣出席中国互联网行业最具影响力首席执行官的著名聚会。座位的位置揭示了各人的地位，腾讯 CEO 马化腾坐在最好的位置上。马云缺席，而且席中没有女性

走出漫长的冷启动期，腾讯则正式退出了短视频市场，选择支持合资公司。

抖音突然爆火，其速度之快，让整个行业都为之震惊。到 2018 年的中国农历新年，抖音的崛起已成定局。腾讯匆忙采取应对措施。他们将对快手的投资增多了一倍，领投新一轮 10 亿美元的融资，增加了其在快手的股份。但快手的核心用户群主要集中在中国农村地区，而抖音的根基是拥有更大购买力的年轻城市居民，二者可谓相差甚远。腾讯感到了威胁。2018 年年初，腾讯决定重新进入短视频领域：微视即将复活。

微视 2.0：对抗抖音行动

2018 年年初，腾讯迅速组建了一支团队来重振微视，进行品牌重塑，并将整个平台改造成类似抖音的结构。在公司内部，微视被称为"战略产品"，只有少数几个极其重要的平台才会被高层这样称呼。这个称呼向整个企业表明，微视现在至关重要。在短短几个月的时间里，微视团队就扩展到了 400 人。

腾讯击败竞争对手的方法始终如一，即复制竞争对手的产品，利用其庞大的在线服务帝国来促成大规模下载。微视团队在一次战略会议上设定了简单直接的"北极星"目标：在用户数量、留存率和应用使用时间等方面赶超抖音。

腾讯全面禁止字节跳动在其各个平台上购买任何形式的在线广告。

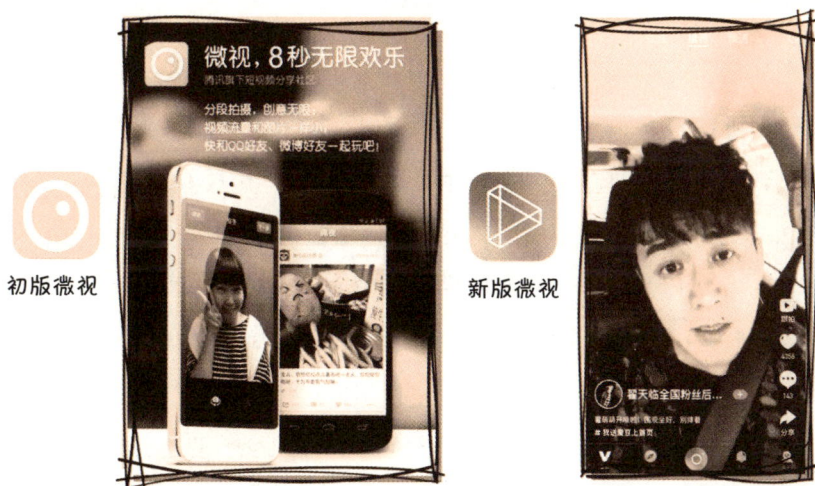

左图：2013 年初版微视的广告显示它和 Vine 有很大的相似之处，甚至调色板也很相似。右图：2018 年更新后的微视的截图，显示出它与抖音有着惊人的相似

此外，微视还与几位年轻的明星签约[1]，在其平台上发布独家视频。2018年 4 月，腾讯宣布对微视内容创作者进行 30 亿元的大规模补贴。此举在网上引起了广泛讨论，也将腾讯与抖音竞争的野心公之于众。

"下载微视"的弹出框和通知开始出现在腾讯的各种平台上，有时就跟垃圾邮件差不多，十分烦人。就连极为保守的微信也会在用户上传视频时为微视做宣传。

半年后，微视的日活用户达到了 400 万。"有腾讯这么好的资源，这样的速度只能说是一团糟。"腾讯投资的一家公司的高管严厉评价道。抖音的留存率在 80% 左右，而微视的留存率只有 43%。微视的用户使用时间只有抖音的四分之一。

问题到底出在哪里？

剖析腾讯的失败，首先需要说明一点，包括字节跳动在内，没有人预见到抖音有朝一日会拥有如此举足轻重的位置。微视 1.0 入市太早，微视 2.0 入市太晚，双双错失了良机。字节跳动高管陈林后来判断，腾讯选择关闭微视 1.0 是一个"巨大的错误"。从微不足道的短暂发展到实现爆炸性增长，抖音只用了半年多一点的时间。这让腾讯等竞争对手几乎没有时间做出反应。

和大多数其他公司一样，腾讯误判了市场机会，错过了与抖音对抗

1.最著名的包括黄子韬、张云雷和宋祖儿。——作者注

的最佳时机。在微视 2.0 进入市场的时候，抖音已经占据了相当大的市场份额，并且已经成为短视频的代名词。

这种情况有一个好处，人们用熟了抖音，意味着马上就能知道如何使用微视。如此浅显的学习曲线降低了转换应用的障碍。不好之处则在于缺乏差异。在早期，就连腾讯的员工也难以确定微视的独特之处。一旦人们发现微视只是一个乏味的翻版，他们就会放弃，重新开始使用抖音。

2017 年，抖音提出了明确的定位："年轻音乐社区"。这是抖音进入市场的切入点。团队创造了一个强大的身份，还建立了一个充满活力的内容创作者社区，然后，随着用户的增长，才转向一个更为通用和主流的定位。作为一个后来者，微视面临着快速增长的巨大压力，这意味着其完全跳过了这个阶段，直接进入了大众市场。因此，其很难建立一个真正的社区或独特的身份。

为了快速打造一个庞大的内容库，微视加快了整个过程，付费给专业人士、代理公司和工作室，让他们制作内容。这种专业制造的内容很难激发个人参与。通过共享的段子和挑战来模仿别人，是激励用户为 Musical.ly 和抖音录制视频的主要动力。可供模仿的用户原创段子视频越少，人们发布的内容就越少，如此一来，可供模仿的视频就更少了，这就形成了一个循环。

腾讯相对字节跳动的一个明显优势在于它在社交网络领域的主导地位。使用微信账号登录微视，人们可以轻松地与同样使用该应用的朋友和家人联系。这种"社交图谱"整合对腾讯的许多热门游戏都很有效，但在短视频上的效果就差得多。

抖音的成功很大程度上依赖算法推荐，这消除了对社交关系的需求。虽然社交图谱有可能改善这些推荐，但它也带来了负面影响，比如添加家人、熟人或同事会让人觉得失去了自由。把事情做好，需要掌握微妙的平衡。用户希望轻松自在地上传视频、关注别人：这通常需要在一定程度上隐瞒真实身份，与日常的联系人分离。与此同时，内容也必须具有关联性和有机性，让用户产生归属感和参与感。

巨大的威胁

到 2018 年年中，中国互联网行业已经清楚，字节跳动是腾讯的一大威胁。微信满足了交流的需要，抖音满足了娱乐的需要。从表面上看，这二者完全不同，但它们对母公司的作用非常相似：既要吸引注意力，也要充当其他服务的分布渠道。流量为王。

当时，在收益颇丰的手游市场，字节跳动还没有对腾讯构成严重威胁，但不难想象字节跳动在该领域对腾讯构成威胁后会怎样。腾讯只需要回顾一下过去，就能想明白。在个人电脑时代，腾讯逐渐从社交转向游戏，一步一步地超越了之前的市场领导者。在社交平台上占据主导地位，使该公司获得了竞争对手所不具备的一个持续存在的不公平优势，即低成本的分布渠道。字节跳动现在享有同样的低成本分布优势。鉴于游戏是中国最赚钱的在线服务之一，字节跳动开始运营自己的游戏，进而危及腾讯的核心业务，必定只是时间问题。

腾讯投入了大量资金，花费了大量时间和精力来发展微视。即使这款应用很明显不可能成为抖音的有力竞争对手，腾讯仍坚持不懈。"要是不去竞争，就可能输得更多。"一位分析师做出了如此判断。

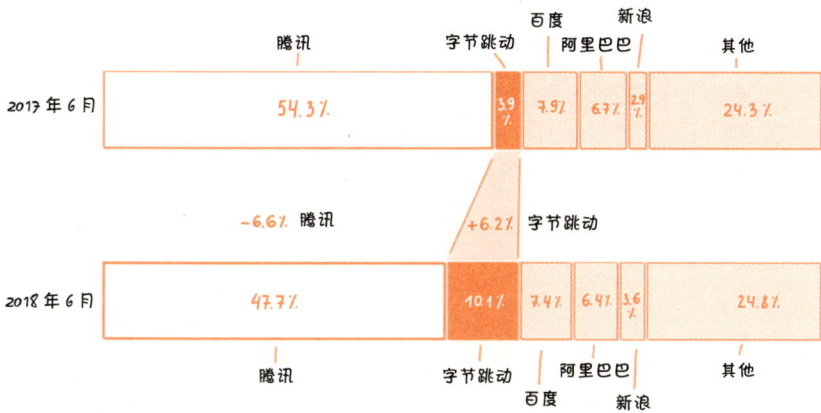

2017 年 6 月至 2018 年 6 月，中国用户花在字节跳动各款应用上的时间占移动端总使用时间的比例增长了 6.2%，而同期腾讯的份额下降了 6.6%

第七章

凭借 TikTok 走向全球

截至 2017 年 3 月全球互联网用户人数最多的国家（百万）：

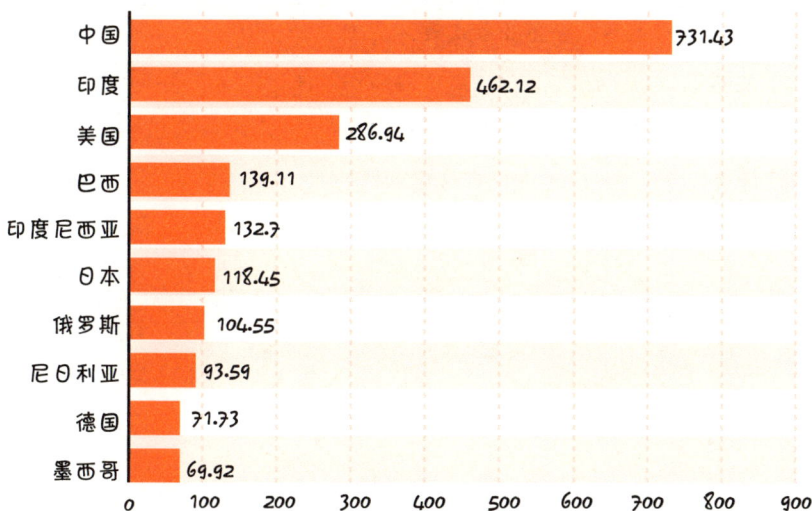

中国	731.43
印度	462.12
美国	286.94
巴西	139.11
印度尼西亚	132.7
日本	118.45
俄罗斯	104.55
尼日利亚	93.59
德国	71.73
墨西哥	69.92

上述数据显示，截至 2017 年 3 月，在全球各国的互联网用户数量上，中国排名第一，互联网用户人数超过了 7.31 亿；印度排名第二，互联网用户人数超过了 4.62 亿。抖音和快手分别以 TikTok 和 Kwai，开始向选定的国际市场扩张。

如果我再次创业，绝不会选择做短视频，因为这真的很烧钱。

——北京字节跳动 CEO 张楠

章节大事记

2017 年 2 月：字节跳动收购 Flipagram

2017 年 5 月：第一版 TikTok 在谷歌应用商店发布

2017 年 6 月：Musical.ly 更名 Muse，重新进入中国市场

2017 年 11 月：TikTok 在日本应用商店排名第一

2017 年 11 月：字节跳动斥资 8 亿美元收购 Musical.ly

"走向全球是一定要做的事。"这是张一鸣明确向中国员工传达的信息。

他如此坚持的理由无可争辩：世界上五分之四的互联网用户都在中国境外。在互联网世界中，产品开发的固定成本很高，但服务一个增量新用户的边际成本往往接近于零。局限于一个市场，即使是世界上最大的互联网市场，字节跳动也不可能真正与谷歌和脸书网这样的企业竞争。自从字节跳动创立的那一天，张一鸣一直怀揣的"走向全球"的梦想就是这家企业的一部分，在为此做准备的过程中，他坚持学了几年英语，可以在工作中熟练地用英语交流。

张一鸣在一次活动中表示，"我希望今日头条像谷歌一样不设边界。"

作为全球化计划的一部分，字节跳动在 2017 年 2 月以 5000 万美元收购了总部位于洛杉矶的短视频应用 Flipagram。这款应用帮助人们把手机里的照片集合在一起，转换成带有音乐的幻灯片。当时，Flipagram 声称有 3600 万活跃用户。为了监督这家公司与字节跳动的整合，张一鸣从北京带了一个小组到洛杉矶的办公室。"组员们很尴尬，他们中没几个出过国，都表现得很缺乏自信。"张一鸣在后来的一次演讲中回忆道。当时有很多顾虑，但最后张一鸣总结道："实际的运营并没有想象中那么难。"

对带领字节跳动发展到更高层次，张一鸣有一个很简单的策略，那就是聘请或通过收购来得到最好的人才，把他们的知识注入企业中去。

为了改进处在发展初期的推荐引擎，张一鸣不断地从百度挖来顶级专家。为了盈利，他挖来了传统媒体广告领域冉冉升起的明星之一张利东。同样，通过收购 Flipagram，以及收购印度信息聚合网站 Dailyhunt 和印尼的 BABE 等其他早期交易，张一鸣获得了至关重要的当地商业知识和专业知识。字节跳动可以向经验丰富的创始人讨教，并迅速加快对当地市场细微差别的了解。

在中国，短视频市场已经成为风险投资家所称的竞争激烈的"红海"。随着短视频越来越受欢迎，竞争也愈演愈烈。中国的每一家大中型互联网企业都希望分得一杯羹，因此，许多企业将目光投向了海外，以寻找发展机会。确实出现了一些鼓舞人心的成功故事。

当时，除了 Musical.ly 这个值得注意的例子，中国国内开发者走出国门的最好例子，是具有普遍跨文化吸引力且不需要本土化的实用应用。例如 VivaVideo（小影）和 VideoShow（乐秀）等视频编辑应用程序，它们以最少的投资获得了不俗的成绩。截至 2016 年年底，VideoShow 在全球拥有 1 亿注册用户，月活用户超过 1100 万，而营销支出为零。

到 2017 年下半年，抖音已经在中国证明了自己的实力。包括视频分析、增强现实滤镜和字节跳动专有的推荐引擎等精密的技术，为这家企业的快速增长奠定了基础。至少在理论上，这些技术超越了地理边界，但是团队需要验证这个假设。抖音在中国的成功，真的可以在其他市场复制吗？他们能否建立进入其他国家的系统化剧本，而无须考虑文化和对本地化内容的偏爱？ 2017 年 8 月，字节跳动宣布将斥资数亿美元，带领抖音走向国际。上述这些问题的答案很快就将见分晓了。

新身份：TikTok

　　中国的本地互联网有很多独一无二的特点[1]，这些特点都是为当地的习惯和偏好量身定制的，所以，对中国流行的应用程序的团队来说，创建独立的"国际版"是很常见的做法，抖音也不例外。字节跳动在决定做哪些改变时，最初的决策之一便是改名，但独特的黑色视觉形象和徽标则要保留。

　　"TikTok 是时钟嘀嗒作响的声音，代表了该视频平台的一个特性，就是'短'。"这是官方就新名字给出的解释。它在许多主要语言中都很容易发音，同时也暗示了声音的核心重要性，让人们注意到视频内容都很简短。不像其模仿对象 Musical.ly，这个名字与音乐、对口型或舞蹈没有直接的联系。

生活在这个圈子内的人比圈子外的人多

世界一半以上的人口都在亚洲

1.比如使用习惯、文化期望、授权和内容监管、支付系统和应用商店库存保有单位整合以及社交分享平台。——作者注

　　最初的几个月里，在购买 tiktok.com 这个域名之前，TikTok 使用"awesome me（崇拜我）"作为宣传语，还使用 A.me 最初的网站 amemv.com。随后，他们在西方市场开始使用"珍惜每一秒"这个口号，向内容创作者传达信息，强化了平台内容的短促性。

　　中国互联网公司走向国际，往往会首先把目光投向自己的后院亚洲。世界一半以上的人口都在亚洲。许多亚洲国家都与中国有很多相似之处。用户都跳过了 20 世纪 90 年代和 21 世纪初的第一代和第二代台式机互联网的时代，直接使用智能手机。总的来说，亚洲国家对社交媒体的使用非常活跃，对在线娱乐的需求也非常强劲，这些特征都预示着 TikTok 可以在这些国家实现扩张。

　　TikTok 认为，有必要利用本地化的推广渠道和母语网红生态系统，来量身定制进入每个国家的方法。有些市场可能会比其他市场更容易攻克，但有一个国家的市场是最难打入的，那就是日本。

日本

　　TikTok 在中国以外最早设立的办公室在东京涩谷区，涩谷是日本时尚年轻人的圣地，街道熙熙攘攘，数不清的商店鳞次栉比，夜生活充满活力。"很抱歉，这里有点小。"一位员工有些尴尬，充满歉意地对一名来访的记者说道。TikTok 日本的当地运营人员在六楼的一个共享办公空间里办公。最早的团队只有不到 5 人，但由于地方太小，他们无法同时在里面工作。一堆堆的材料堆在桌子底下。墙上贴着从白纸上剪下来的口号："努力工作，享受乐趣，创造历史。"

在日本并不友好的环境下，几乎没有哪家中国互联网企业能蓬勃发展，因此，在某种程度上，日本市场就成了试金石。一位中国资深软件主管解释说："如果日本用户能接受一个产品的话，基本上东南亚和亚洲其他国家的用户就都可以接受。"

众所周知，日本人很腼腆，重视隐私。许多人喜欢在网上匿名，不愿使用真名，也不愿在推特网或照片墙等可公开访问的社交媒体账号上露面。TikTok 则不仅希望用户展示自己的脸，还要拍摄自己。

另一个挑战在于，日本劳动力资源非常紧张。有才华的日本年轻人都喜欢在大公司或国家机构工作。像 TikTok 这样刚刚进入日本又没有名气的中国企业，几乎不可能招聘到顶级的本地人才。鉴于此，TikTok 不得不雇用对日本社会有深入了解的中国员工。其中一些人此前曾在日本为其他中国科技品牌工作，比如微信支付和总部位于深圳的无人机制造商大疆。

人们都知道，日本人对待东亚竞争对手的互联网产品非常谨慎。有一个很显著的例子，Line 是日本最大的即时通信应用，他们一直在竭尽全力淡化其母公司 Naver 来自韩国的这一事实。

TikTok 进入日本的早期策略，与抖音在中国第一个缓慢的"冷启动"期所采取的策略类似。抖音已经拥有大量的优质视频，很容易就能批量将其导入 TikTok 作为基础，但这还不够。字节跳动从抖音得到的一个教训是，开发用户原创内容应用，首先需要培养一群忠诚的优质本地种子创作者来确定社区的基调，还要能够生成供他人模仿的段子。做到这些都需要时间。没有建立任何社区，就贸然投入巨资做广告，根本达不到预期效果。

东京的团队投入了大量精力去识别和接触适合新平台的网络红人。

这个群体可以创造高质量的内容，为品牌建立知名度，除此之外，他们现有的一部分粉丝也会转向新平台 TikTok。网络红人有两种：名人明星和小众领域关键意见领袖。名人拥有更广泛的观众，通常以百万计，而烹饪或舞蹈等小众领域的关键意见领袖，他们的粉丝虽然不多，却非常忠诚且投入。

最大的问题是看门人，即艺人事务所。要接触到名人和最好的关键意见领袖，都得通过他们。对 TikTok 来说，这些组织是一座坚不可摧的堡垒。没人听说过 TikTok，所以不会有哪个事务所把他们当回事。

最后，TikTok 通过女明星木下优树菜取得了突破。运营团队一发现她在使用 TikTok，就联系了她的事务所。木下优树菜非常喜欢 TikTok，也愿意合作，但她的经纪公司表达了强烈的保留意见。"谈了六七次，才总算谈成了。日本的明星事务所特别谨慎，所以我们只好反复与他们谈判，让他们熟悉我们的产品，显示我们合作的诚意。"TikTok 时任日本总监解释道。

好不容易争取到第一位明星后，说服别人的道路也没那么坎坷了。最早正式支持 TikTok 的知名人士包括拥有 500 万推特网粉丝的歌手竹村桐子（彭薇薇）、女子组合"E-girls"和著名 YouTube 博主"Ficher's"。

此外，运营团队还在其他平台上开设推广账号。TikTok 日本的推特账号是在 2017 年 5 月注册的，这可能是 TikTok 的第一个推广账号。他们发布的视频显示了与早期抖音类似的内容风格，还有针对年轻人的舞蹈和对口型内容。

一些早期用户表示，他们都是从推特网上发现了 TikTok，看到它有高级的视频编辑套件、滤镜和特效，才会开始使用该应用。YouTube 和照片墙并未提供如此多样化的选择。就这样，TikTok 成为一个很有用的视频制作工具，制作完毕，用户可将视频上传到其他平台。每个视频的水印都像一个迷你广告，有助于推动 TikTok 的下载。"TikTok 的评论区主要讨论的是视频拍得怎么样、拍摄技巧，推特网上的评论则不一样。"TikTok 早期的日本网红 Kotachumu 指出，从这些评论可知，TikTok 的早期用户非常关注视频制作。

TikTok 之所以能在日本取得如此出人意料的好成绩，一个关键原因在于日本市场上缺乏类似的产品。最终，TikTok 发现他们是在和自己竞争。无论是 Mix Channel 这样的本地短视频竞争对手，还是硅谷著名的脸书网、Snapchat 和 YouTube，都没有提供类似的服务。

为了尊重日本文化普遍存在的对个人主义的反感，运营团队重点推出了允许团体参与的挑战活动，此外，他们推出的滤镜可以降低面孔辨识度，减轻人们不自在的感觉和对外貌的担忧。抖音积累了很多运营专业知识，都可以直接拿来在日本运营 TikTok。其中包括一份经过验证的、非常有吸引力的挑战项目目录，这些挑战可在网上引起轰动，吸引更多的当地明星和名人加入。

如上所述，TikTok 早期的员工都是非常了解当地的中国人，但很快公司就只雇用当地人了。随着平台声誉的逐渐提高，公司在招聘上的自主权越来越大，决策权逐渐从北京转移到了日本分公司。后来，字节跳动变得更加自信，开始在东京地铁上投放 TikTok 的广告进行线下推广。

为了避开日本电视网植入广告的禁令，团队想出了一个巧妙的办法，那就是向制作人提供有趣、有报道价值的故事。根据 TikTok 日本员工的说法，有关 TikTok 逸事的电视报道开始增多，到 2018 年 6 月初，"几乎每天都有播出"。

产品全球化，内容本地化

与进军日本市场类似的故事，也纷纷在其他亚洲国家上演，字节跳动在这些地方试水，完善了他们的系统化剧本。TikTok 早期的市场是亚洲，包括越南、韩国、泰国和印度尼西亚。与此同时，抖音的中国竞争对手快手也开始进军海外市场，选择将重点放在韩国、俄罗斯、巴西和印尼等几个人口众多的新兴市场。

这些迹象表明，TikTok 有潜力在任何地方发展。从本质上讲，这款应用只是根据用户资料标记提供个性化视频。这个基本概念能够创造出跨越所有文化的引人入胜的体验。在一次采访中，张一鸣将字节跳动的方式称为"产品全球化和内容本地化"。

标准化元素——在所有市场均可通用

品牌：TikTok 的名称、徽标和独特的视觉形象

用户体验 / 用户界面：核心功能和设计、产品逻辑

技术：推荐、搜索、分类、面部识别

本地化元素——为特定的地理和语言量身定制

内容：推荐视频库

运营：市场营销、推广和发展

一旦用户基数达到一定规模，辅助服务也可以本地化。包括：

商业化：广告销售、业务拓展

其他：政府关系、法律和内容审核

这一系统的核心是基于地理、文化和语言的区域化内容库的概念[1]。

1.例如，美国、澳大利亚和加拿大等以英语为母语的国家被归为一个地区，尽管它们的地理位置不同。——作者注

本地化和标准化融合在一起，为每个市场创造量身定制的体验

　　TikTok 的核心体验是"For You（个人喜好）"推荐机制，其为每个市场都进行了本地化。TikTok 不会向日本用户推荐印尼账号发布的内容，反之亦然。每一个国家或地区基本上都是一个孤岛。[1]

　　日本用户要想找到并观看印尼朋友的视频，就必须使用搜索功能，该功能允许用户查看他们想要寻找的全球各地 TikTok 账号或话题的视频。然而，使用搜索的用户只会带来一小部分流量。相比之下，"For You"个性化推荐机制是应用的核心体验，几乎所有人的时间大都用在了这方面。

　　有时，内容会在不同国家之间导入，以实现类别多样化，让用户接触到不同的视频风格，向人们展示各种可能性，并培养他们创造新的内容形式。

---

1. 随着 TikTok 内容生态系统日臻成熟，这种严格的区域锁定系统已经有所放松。今天，用户在一个地区发布的内容，有可能被其他地区的用户看到，特别是那些被列入白名单的账号。然而，在埃及等地开设的账号，仍然很难在巴西这样的地方获得曝光。——作者注

抖音和 TikTok 是两个独立的网络。

从抖音和其他地区引入的视频可以用来生成一个新地区的内容库。这些都是重要的"教材"，可用来指导和启发用户。这些视频已被证实既富于趣味，又可以复制，用户很容易就能模仿。

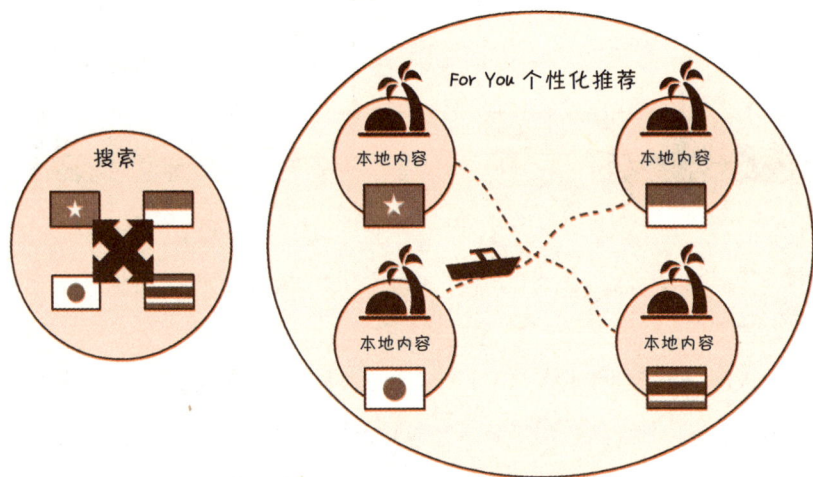

搜索是在全球范围内进行，而在每个地区，都是从各自独立的本地视频库中显示"For You"个性化推送内容

Musical.ly 回家

2015 年，Musical.ly 中文版彻底失败了。这款应用在中国的名字叫"妈妈咪呀"，虽然另类，但听了叫人很难忘记。"我们之所以去美国，是因为我们在自己的市场上找不到机会。"联合创始人阳陆育解释道。一开始，他们认为亚洲人过于保守，不善于通过视频自由表达自己。

两年后，两位创始人终于觉得是时候再试一次了。2015 年时，Musical.ly 的团队不足 10 人。现在，他们在全球范围内有大约 100 名员工，并在上海建立了运营和程序团队。他们积累了宝贵的经验，还得到了著名风险投资公司的资金支持。即便如此，回到中国这个"家"也不容易。

Musical.ly 打破了所有标准的推广规则。他们没做过广告，没有向内容创作者发放补贴，也没有花钱请名人。自成立以来，Musical.ly 几乎没有花过钱做营销。相反，他们依赖口碑，还很倾向于培养强大的用户社区。一群非常积极的超级粉丝负责打理该公司在其他平台上的各种社交媒体账号，并组织线下聚会，他们做这些都是义务劳动。一些用户非常喜欢 Musical.ly，所以很愿意帮忙。

这种有机发展策略在中国根本行不通，因为中国的互联网市场是一个弱肉强食的无情世界。竞争是残酷的，变化的速度很快，获取用户的成本一直远高于海外市场。

为了在中国取得成功，Musical.ly 需要采取不同的方式，还得舍得砸钱。两位创始人决定将中国运营团队的办公地点设在北京，而不是在建立已久的上海总部。这是一个新的团队，奉行的是更具竞争性的文化。

2017 年 6 月初，Musical.ly 正式重返中国。他们不再使用"妈妈咪呀"这个名字，而是重新命名为"Muse"，希望他们在欧美市场已经建立的声誉能对他们有所助益。但这几乎毫无帮助。

在一个此前集中度很低的短视频领域，他们是后来者，现在，该领域正围绕着拥有最多资源的大公司迅速整合。联合创始人阳陆育反思道："我很后悔没有早一点（重新）进入中国市场。现在满大街的'抖'，让我非常不舒服。"阳陆育指的是抖音。

Muse 在中国发展得最好的时候，日活用户达到了数十万。但截至

2017 年下半年，抖音的日活用户已达数百万人，并且还在迅速增加。

从表面上看，Muse 和抖音非常相似。比如 15 秒全屏短视频，向上滑动的动作，以音乐为中心的内容发现等。但正是用户无法直接看到的一切，导致了结果存在着巨大的差异。从技术到推广和用户获取，抖音的成功在很大程度上依赖于母公司的资源。Muse 完全处于劣势，他们的推广预算少，相比之下技术能力也很弱。他们的品牌知名度很有限，没有特别之处。

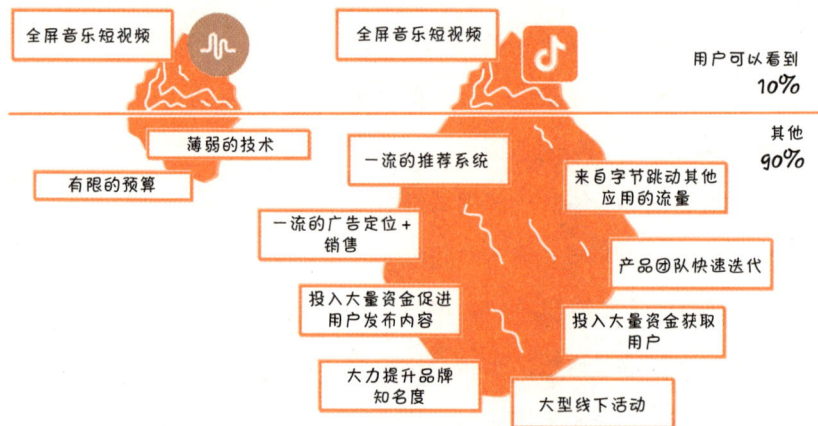

Musical.ly 和抖音 /TikTok 乍一看似乎很相似，但这只是表象

创始人朱骏很坦率地谈到了他对比中美两国市场竞争的看法。"在 Musical.ly 创立之初，我们的竞争对手都是美国公司，我们几乎没有感受到任何竞争压力。但是从去年开始，我们与包括字节跳动在内的中国公司竞争，无论是在市场运营上，还是在产品迭代的速度上，都和美国的公司不是一个量级。"

Musical.ly 很难盈利

在中国市场竞争失利，只是 Musical.ly 表现不佳的诸多警告信号之一。最大的问题是如何赚钱。Musical.ly 创造了一个网红生态系统，为许多品牌带来了曝光，但这个平台本身却很难获得它所创造的任何价值。

在美国和欧洲市场，广告是 YouTube、推特网和脸书网等娱乐和社交应用的默认模式。但在 Musical.ly 上却很少看到广告。没有后台基础设施来自动操作广告商购买的广告。相反，这个过程是由销售团队手工处理的。然而，Musical.ly 的销售网络十分有限。在其发展最好的美国市场，一名记者调查了 9 家广告公司，有 6 家甚至都不知道 Musical.ly 接广告。

广告商认为 Musical.ly 大体上是一个羽翼未丰的实验平台，仍在摸索如何处理广告业务。Musical.ly 可以向广告商提供的独特价值，是谷歌和脸书网等建立已久且富有经验的广告平台所无法提供的？有些品牌考虑过在 Musical.ly 上做广告，到头来却抱怨他们收费太高。据称，Musical.ly 的一天广告价格从 7.5 万美元到 30 万美元不等，涵盖内容更多的套餐价格为 250 万美元。作为一个广告效果未经验证的新兴平台，Musical.ly 的定价超出了市场水平。

抖音收入

Musical.ly 在盈利上的困境与抖音的非凡表现形成了鲜明的对比。尽管二者在应用设计上有相似之处，财务业绩却截然不同。到 2019 年，字节跳动的收入预计为 1200 亿～ 1400 亿元人民币，约合 170 亿～ 200 亿美元，其中抖音收入约为 100 亿～ 120 亿美元，约占 60%。

字节跳动的商业化团队想出了很多获利方法，将注意力转化为金钱，赚取所有能通过抖音赚到的钱。抖音约 80% 的收入来自多种形式的广告，比如挑战活动冠名和开屏全屏广告。

在各种形式的广告中，大部分收入来自"置入视频广告"。这些广告占据整个屏幕，自动播放，很像 TikTok 上的普通视频，只是有一个小小的广告标志位于屏幕底部视频文字描述的旁边。

营销人员很快发现，如果让推广广告看起来像普通的用户原创视频，而不是像制作精良的专业广告，就可以很容易诱使对广告反感的用户看上几秒钟，而这已足够他们传递信息了。事实证明这种形式很受欢迎，效果也不错。

另一种盈利方式是通过星图收取平台佣金。星图是字节跳动官方网

| 置入视频广告 | 游戏 | 虚拟礼物 | 电子商务 |

抖音各种盈利模式的截图，包括置入视频广告、游戏、虚拟礼物和电子商务

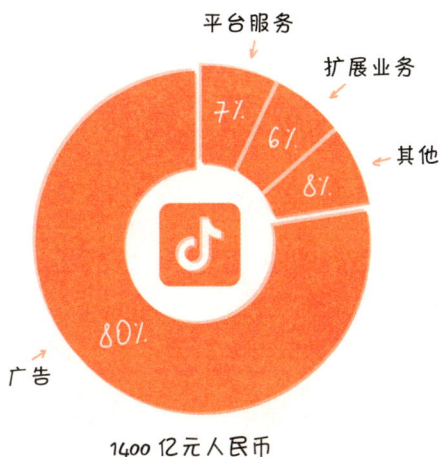

平台服务

扩展业务

其他

7%　6%

8%

80%

广告

1400 亿元人民币

2019 年抖音收入明细（估算）

红数据管理平台。品牌想与抖音上的红人合作，宣传活动必须通过星图进行，否则促销视频可能会在没有事先通知的情况下就被删除。抖音从品牌支付给网红的所有费用中抽成。此外，直播打赏和在线电子商务也是抖音获利的方式。

"扩展业务"包括来自游戏、付费知识和电子商务的收入。"其他"包括蓝 V 认证费和"DOU+"视频加热系统产生的收入。任何用户或创作者都可以通过 DOU+ 系统向平台付费，以提升播放量。

今日头条犹如一台运转良好的广告机器，拥有庞大的销售团队、先进的基础设施，还深受广告商的好评，所有这些都被用于发展抖音的广告业务。在西方市场上，与之最相似的例子是照片墙利用母公司脸书网已有的广告专业知识和基础设施，从中获益。

近年来，短视频在中国网络广告支出中所占份额迅速上升，从 2018 年的 4% 增至 2019 年的 12%，翻了两番，预计 2020 年将进一步增长至 17%。在同一时期，搜索引擎广告所占份额从 24% 下降到 15%。

美元
以十亿计

	60.6	73.3	82.3	
	8%	6%	5%	在线视频
	10%	8%	7%	直接广告 & 网站
	9%	9%	8%	信息网站
	10%	10%	10%	社交媒体
	4%	12%	17%	短视频
	24%	16%	15%	搜索引擎
	35%	36%	39%	电子商务
	2018	2019	2020e	

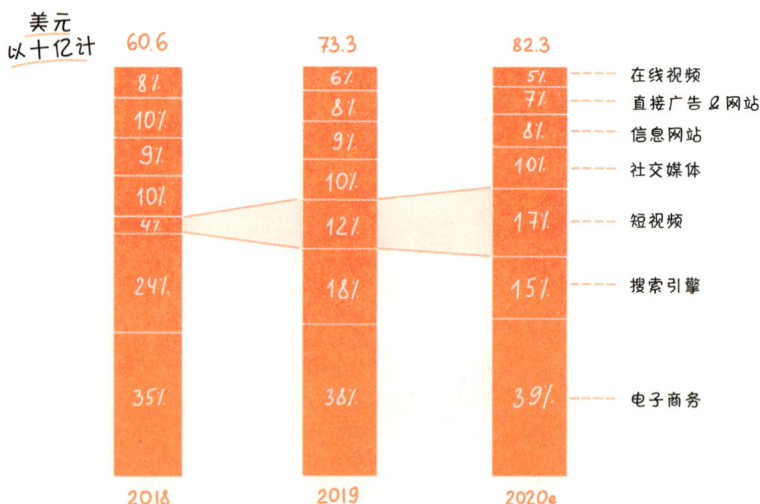

中国互联网广告分类。短视频超过搜索，成为中国仅次于电子商务的第二大广告类别，而这一转变主要是抖音带动的

是否该卖掉？

到 2017 年年底，Musical.ly 面对着各种威胁。在中国，抖音像火箭一样迅速蹿红，Muse 却未能产生重要的影响。以青少年为目标人群的 Musical.ly 遇到了发展瓶颈。青少年网红的年龄越来越大，不再适合该应用的年轻用户，他们和他们的粉丝纷纷拥向照片墙和 YouTube 等更大、更成熟的平台，Musical.ly 损失惨重。

Musical.ly 投入了时间和精力，试图实现产品多样化。他们开发并测试了几个配套的应用程序，比如视频聊天应用"Pingpong"和"Squad"，和直播应用"Live.ly"，所有这些应用都没能产生影响力，均以失败告终。

有越来越多的迹象表明，Musical.ly 的增长和用户黏性已经达到了顶峰。但与此同时，TikTok 在多个亚洲市场取得了可喜的进展，包括极其强硬的日本。

　　然而，Musical.ly 仍然处于有利地位，他们可以把公司卖给更大的企业。求购的公司不在少数。即使增长停滞，该公司仍是一个有吸引力的收购目标。西方市场或许有利可图，但很难进入。Musical.ly 建立了一个很有影响力的品牌，在美国和欧洲青少年中产生了强烈的共鸣。字节跳动、脸书网、腾讯、Snapchat 和快手都曾多次表达过收购意愿，并与创始人进行了多次谈判。

　　腾讯有时被称为"科技界的伯克希尔·哈撒韦公司"，他们在其他互联网公司也有大量投资。腾讯退出了与 Musical.ly 的谈判，2014 年又错过了收购通信应用 WhatsApp 的机会，于是，他们转而选择以 20 亿美元入股 Snapchat，从而在西方社交网络领域站稳脚跟。

　　照片墙时任首席执行官凯文·斯特罗姆曾在上海与 Musical.ly 的创始人会面，后来他说服马克·扎克伯格考虑收购。双方在脸书网位于门洛帕克的总部举行了认真的谈判，但没有取得结果。脸书网的几位高级管理人员在 Musical.ly 注册了账号以测试该平台，扎克伯格也注册了账号，经常通过该平台与其创始人互动。媒体后来报道称，据知情人士透露，脸书网"出于对该应用的年轻用户群和中文版版权的担忧，最终还是放弃了"。但脸书网在参与谈判之前就已经很清楚这两种风险了。事实上，还有一个使情况复杂的因素并未出现在媒体报道中，那就是傅盛。

　　傅盛是 Musical.ly 的天使投资人，也是猎豹移动的首席执行官。猎豹移动总部位于北京，是一家上市移动应用开发公司，在全球拥有数亿用户[1]。作为全球化进程的一部分，猎豹移动向 Musical.ly 投资了 500 万人民币（合 70 万美元）。当时几乎没人相信 Musical.ly 有很大的发展潜力。"每个人都觉得制作 15 秒歌曲视频不存在技术障碍。"时任猎豹移动投资总经理的傅盛称。作为一名精明的商人和行业资深人士，他设定的投资条款让他有权否决未来的任何收购交易。几家世界上极大、极富有的互联网公司都对 Musical.ly 感兴趣。傅盛非常清楚该如何玩这个游戏，确保自己得到应得的收益。

张一鸣收购成功

字节跳动发展迅速，他们雄心勃勃，希望成为一家跨国企业。在竞相收购 Musical.ly 的为数不多的候选公司名单上，字节跳动名列前茅。

张一鸣和 Musical.ly 的联合创始人是多年的熟人。不过，直到 2017 年春季，字节跳动高管、优步中国前发言人柳甄才开始认真就收购进行谈判。"为了达成交易，张一鸣必须想办法与傅盛合作……这不是一件容易的事。"Musical.ly 董事童士豪透露。

为了满足傅盛的苛刻要求，最终协议要求捆绑进行三笔独立交易。张一鸣承诺以 8660 万美元收购猎豹移动的信息聚合应用 News Republic（新闻速递），并向猎豹移动的直播平台 Live.me 投资 5000 万美元。而

1.猎豹移动的应用被谷歌认定为恶意程序，并于 2020 年 2 月从谷歌应用商店下架，从此就过气了。——作者注

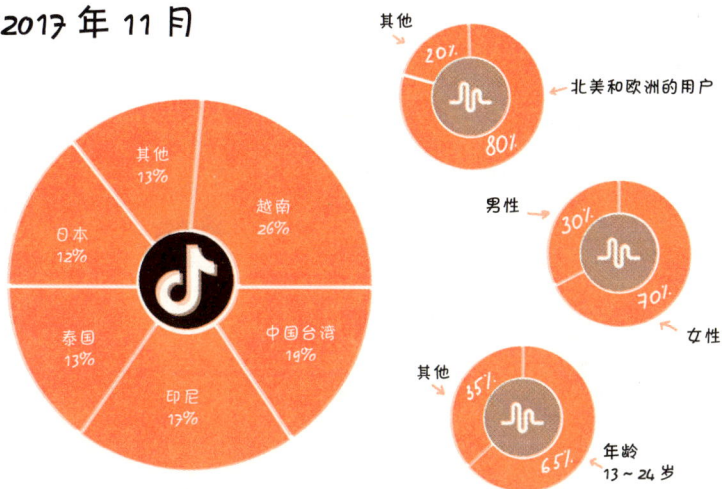

2017 年 11 月 TikTok 和 Musical.ly 的数据[1]。TikTok 的用户群分布在东亚和东南亚的各个市场。Musical.ly 的用户群则严重偏向于西方的十几岁女孩

对 Musical.ly 及其投资者，8 亿美元的价格都算得上一个令人满意的回报。[1]

对字节跳动来说，这次收购同时实现了几个目标。首先，他们以十分划算的方式，获得了广泛的西方市场用户群，而 Musical.ly 的用户群与 TikTok 的亚洲用户群几乎没有重叠。

同样重要的是，此举让其他大公司不能收购和改造 Musical.ly，作为与 TikTok 竞争的捷径，提前封堵了最有可能的竞争对策。最后，和收购 Flipagram 一样，字节跳动可以从 Musical.ly 的多年运营经验中学到深刻见解，并用到整个企业当中。

2017 年 11 月 10 日，字节跳动向全世界宣布了这笔收购交易，

1. 数据来源：猎豹全球智库。——作者注

Musical.ly 现在隶属于字节跳动了。这是该公司迄今为止最大的一次收购。而两个月之前，字节跳动接受了由美国成长权益公司泛大西洋资本集团牵头的新一轮投资，将公司此前 110 亿美元的估值提高了一倍，达到了 220 亿美元。一年后，这一数字增加了两倍多，达到 750 亿美元。字节跳动在短视频上的赌注获得了所有人都想不到的惊人回报。

第八章

太尴尬了！！！

2018 年年末 TikTok 在 YouTube 上做的广告

Musical.ly 消失了，我们都很高兴。后来……
TikTok 来了，TikTok，TikTok！
——YouTube 头号达人 PewDiePie

章节大事记

2018 年 4 月： TikTok 成为 2018 年第一季度全球下载次数最多的非游戏类应用程序

2018 年 8 月： Musical.ly 与 TikTok 合并。TikTok 首次在美国可以使用

2019 年 1 月： 在美国，TikTok 播出了第一个广告，是大型食品配送公司 GrubHub 投放的开屏广告

2019 年 2 月： 字节跳动聘请第一位 TikTok 美国总经理，即前 YouTube 高管瓦妮莎·帕帕斯

2019 年 4 月： *Old Town Road*（《老城之路》）破纪录地连续 19 周蝉联公告牌百强单曲榜冠军

2019 年 6 月： 字节跳动聘请前脸书网全球合作伙伴关系副总裁布莱克·钱德利加入 TikTok

2019 年 9 月： 美国国家足球联盟宣布与 TikTok 建立多年期内容合作关系，这是 TikTok 品牌被接纳的一个转折点

2020 年 5 月： 字节跳动聘请迪士尼前高管凯文·梅耶担任 TikTok 首席执行官

"可以理解为诽谤。"说这句话的人是马化腾。这位腾讯首席执行官在公开场合向来腼腆内向，这次却一反常态，愤怒地在网上激烈评论，捍卫自己的公司。他说这句讽刺话的对象是张一鸣，这两位企业家所在的公司已经成为死对头。

在马化腾发表该激烈评论之前，张一鸣在网上发布了两张图片，一张是抖音的徽标，另一张是一个排行榜，显示 TikTok 在 2018 年第一季

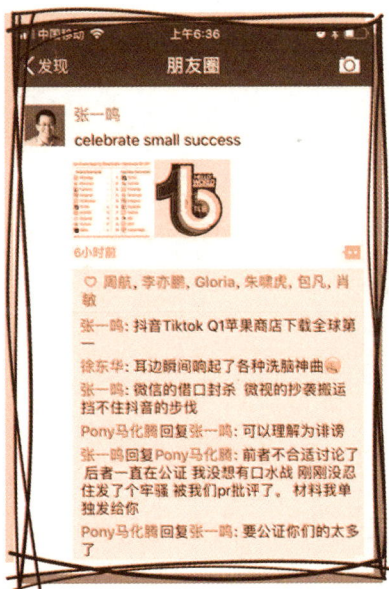

张一鸣于 2018 年 5 月发布的帖子

度成为全球下载次数最多的应用程序。在图片上方，他写了三个英语单词"celebrate small success[1]"。在下面的评论区，张一鸣谴责腾讯为压制抖音而采取抄袭策略：腾讯一方面在其社交网络上封杀抖音，另一方面推广几乎完全相同的模仿应用程序微视。

张一鸣公开庆祝 TikTok 的成功，又批评竞争对手，就这样惹恼了马化腾。两位中国最温和、最内向、最保守的企业领导人卷入了一场公开互撑。他们二人互撑的截图迅速在中国互联网上疯传，引起了广泛的讨论和猜测。

对腾讯来说，TikTok 在微信失败的地方取得成功，是一颗难以下咽的苦果。尽管在 2013 年和 2014 年投入了数亿美元用于广告和推广，腾讯的旗舰超级应用微信的雄心壮志依然落空，未能成为全球热门应用。如今，在中国大陆以外的地区，使用微信的主要是海外华人以及与中国有生意往来的人。另外，字节跳动已经验证了自己的假设：TikTok 确实有潜力风靡全球，并且在快速发展。

中国的互联网服务与西方的平行，主要针对中国国内的用户。TikTok 是第一款真正在全球产生深远影响的中国制造的消费互联网产品。之所以如此，主要原因在于其强大的先发优势。字节跳动在日本等早期市场发现，TikTok 本质上是在和自己竞争。该应用程序提供的体验与其他社交媒体和社交网络完全不同。

在 TikTok 崛起的背后，存在着一个更广泛的全球趋势。现在，从电子商务到支付再到手机游戏，中国在许多消费者互联网服务领域都处于全球领先位置。到 2018 年，在中国，人们普遍认为短视频是 4G 移动时代的"杀手级应用"。国内互联网行业对促使抖音成功的每一个细节都进

1.意为"庆祝小胜利"。——译者注

行了认真的分析。随着竞争企业争相提供短视频服务，TikTok 风格的推送开始在各种应用程序中出现。然而，对于这种形式所具有的影响力，西方却没有同样深刻的认识。

在"复制到中国"的时代，中国互联网公司急切地抓住硅谷的新趋势，然后在中国进行复制，然而，这个时代即将结束。至少在短视频领域，形势发生了逆转。很快，硅谷就该玩"从中国复制"的游戏了。

恢复 Musical.ly！

2018 年 8 月 2 日是 TikTok 历史上的一个重要里程碑，在这一天，Musical.ly 与 TikTok 合并了。一夜之间，Musical.ly 的用户发现这款应用变成了"TikTok，包括 Musical.ly"。他们以前的视频和账号现在迁移到了一个新的应用程序上。

在大约一年的时间里，TikTok 就从零发展到拥有 5 亿月活用户，大多数用户都在亚洲。相比之下，Musical.ly 已经运营了 5 年，月活用户只有 1 亿。在收购 Musical.ly 的时候，字节跳动曾暗示这两个平台将保持独立。然而仅仅 9 个月后，Musical.ly 这个品牌就被抛弃了，因为对这款应用来说，吞并它的是更大、更成功的 TikTok，而 TikTok 还在不断发展。

如果有人认为 Musical.ly 没有发生根本性的变化，也是可以原谅的。虽然徽标和界面设计都做了修改，但滑动屏幕来切换 15 秒短视频的核心体验与之前基本相同。然而，有些关键变化 Musical.ly 的忠实用户都很不喜欢。网上出现了很多抗议的声音，要求"恢复 Musical.ly"，很多用户

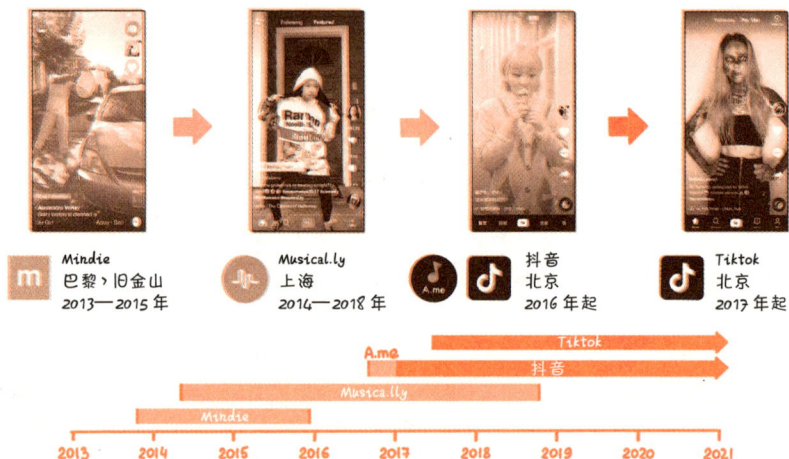

TikTok 一开始只是 Musical.ly 的翻版，而 Musical.ly 是 Mindie 的翻版。可以说，TikTok 是翻版的翻版

都离开了 TikTok。"有时候，为了获得更大的机会，必须放弃以前那些有价值的东西，甚至让一些用户感到失望。"Musical.ly 产品策略经理詹姆斯·韦拉尔迪解释道。

一些流行的社交元素被取消了，包括 Musical.ly 的排行榜功能，这个排行榜会显示各国每天发布的最受欢迎的视频。该功能给年轻用户带来了社区意识，取消则遭到了很多反对。这个排行榜将注意力集中在了最受欢迎的视频类别上，在 Musical.ly 上，最流行的是青少年舞蹈、段子和对口型假唱视频，但这并不符合 TikTok 吸引年龄更大的用户和鼓励内容类别多样化的目标。

注册过程大大简化，不再需要注册或使用现有账户登录。新用户只需要从兴趣（例如动物、喜剧、艺术）列表中选择一项，再看几秒视频。该应用程序使用基于设备 ID 的"影子资料"，即使是对未注册账户的用户，也可以进行内容个性化推荐。

在用户还不知道自己是否喜欢这款应用之前就要求他们创建账号，这是本末倒置。新的程序让人们可以不用做出承诺，自由地体验 TikTok。

视频分享得到了大力鼓励。一个视频重复播放几次，便表明观众觉得这个视频很有趣，就会出现一个引人注目的"分享"图标。分享到其他平台的视频会包含闪烁的 TikTok 水印。这个徽标很难被忽视，因为它在视频的一个角落到另一个角落交替出现，还会不断地摇动。

最重要的一个变化是该应用转换到了抖音所使用的后台基础设施。对用户来说，这一变化表现为主要的"精选"推送被全新的"For You"推送所取代。这两个名称准确地道出了二者的区别，"For You"完全是利用精密的机器学习技术进行个性化推荐。"精选"则是 Musical.ly 的旧系统，是不那么先进的推荐系统与内容团队手动选择的视频相结合。

据称，将后台切换到抖音系统后，用户使用该应用的时间增加了一倍。"我们想要的内容就在应用中，却被我们最初的架构隐藏了。一旦改

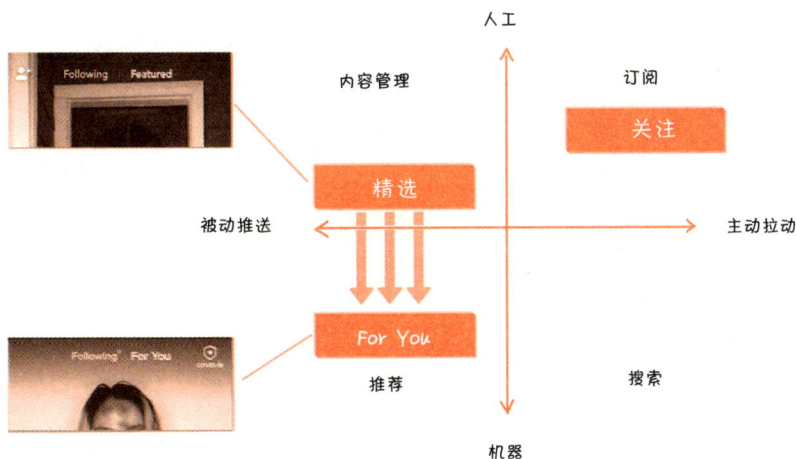

从"精选"到"For You"的转变，是从依赖内容管理和推荐混合的推送系统转变为完全由推荐驱动的推送系统

变了这一点，内容多样性马上就实现了。"Hulu 和亚马逊前员工尤金·魏透露。

这一改变极富革命性，其效果可与 YouTube 在 2011 年引入 Sibyl 机器学习后端系统相媲美。"内容早就存在了。我们有数十亿个视频。"YouTube 首席程序员克里斯托斯·古德洛当时这样解释。使用机器学习对视频进行分类和推荐，是释放平台庞大内容库潜力的关键。

TikTok 尴尬合集

"妈妈们为什么用 TikTok？为什么有人在用 TikTok？"全球最受欢迎的 YouTube 红人 PewDiePie 对着镜头大喊道。在第一个视频大热之后，这位瑞典游戏玩家又录制了他的第二个 TikTok 尴尬合集，他一共要录制 15 个这样的视频。每集时长 10 分钟，都是他对 TikTok 的尴尬视频做出的反应。

TikTok 没有向 PewDiePie 支付任何费用。这位全球顶级的互联网红人制作了一个又一个关于 TikTok 的视频，完全是因为他的观众喜欢看。这应该是网络营销人员梦寐以求的真正的网红推广方式。从本质上说，每个视频都是 TikTok 向 PewDiePie 的 8000 万忠实粉丝发布的 10 分钟广告，而且没花一分钱。然而，PewDiePie 并不是很支持这款应用。

"TikTok 是个怪异的平台。数不清的人发布奇怪的内容，全然不觉得不好意思。愚蠢的喜剧小品，对口型假唱，以及怪里怪气的创作，可谓应有尽有。制作这些视频的孩子倒是可以得到原谅，毕竟他们只是孩子。但大人们在该应用上发布这种视频，只会叫人感觉毛骨悚然和怪异。"YouTube 上出现了无数的 TikTok 尴尬合集，很多播放量都达到了数百万。对这款应用的批评越来越多，推特网和 Reddit 上经常出现 TikTok 用户录制的尴尬视频。

在中国，抖音最初是作为一个受城市年轻人欢迎的应用程序而受到关注的，与艺术生和时尚嘻哈爱好者联系在一起。然而在美国，情况却完全相反。公众认为 TikTok 是一个尴尬的应用，用这款程序的人都是失败者和不合群的人。为什么会这样？

答案是字节跳动在 YouTube、照片墙和 Snapchat 等西方主流社交媒体平台上进行的大规模广告宣传活动。据《华尔街日报》报道，2018 年，字节跳动的广告预算超过了 10 亿美元。随着 TikTok 的足迹通过应用安装广告越走越远，字节跳动成为脸书网最大的中国客户。许多美国人突然发现，一上网，就能看见到处都是 TikTok 的广告。

该公司还投入巨资发布传统的广告牌广告和户外广告。新年前夕，他们花大价钱，在纽约时代广场水晶球落下之后投放了电视广告。从迪

2018 年 12 月，字节跳动产品大师张楠在网上发布了 TikTok 广告的图片。左：纽约时代广场。中：迪拜的哈利法塔。右上：拉斯维加斯大道的好莱坞星球餐厅。右下：伦敦的皮卡迪利广场

拜的哈利法塔到伦敦地铁，再到拉斯维加斯大道，TikTok 的广告突然出现在了世界各地的著名地标建筑上。

各亚洲市场最初都对 TikTok 展现出了热烈的欢迎姿态，这很鼓舞人心，让人觉得抖音的成功似乎真的可以在全球范围内复制。然而，TikTok 在亚洲越成功，它从竞争对手那里吸引的关注就越多。所有大的互联网公司都有先进的系统来跟踪移动使用习惯的新趋势和变化。字节跳动必须迅速行动，抓住机会，利用其自身的优势。总的来说，西方互联网公司不屑于直接复制竞争对手的产品。即便如此，如果像谷歌或脸书网这样的老牌巨头选择大力推广与 TikTok 类似的产品，就可能严重阻碍 TikTok 的发展。

脸书网成功复制了竞争对手 Snapchat 的 24 小时阅后即焚视频功能 "Stories"，表明同样的命运很可能降临到 TikTok 身上。这意味着速度是关键，要使用最有效的方式快速扩大规模，斥巨资在网络上投放应用安装广告，并通过线下广告建立品牌知名度。

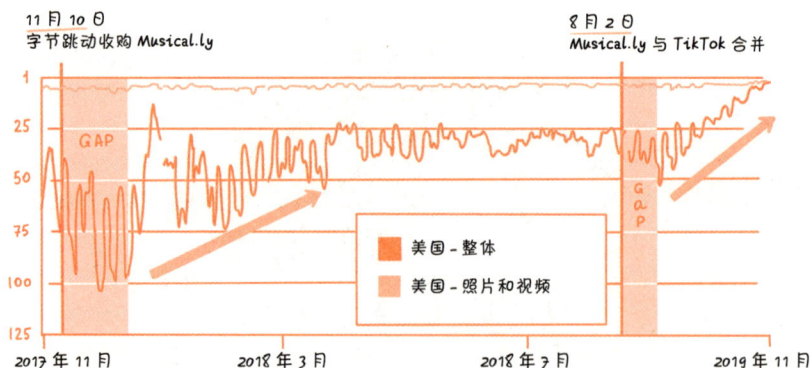

从 2017 年 10 月到 2018 年，Musical.ly（后来的 TikTok）在美国应用商店的下载排名。Musical.ly 和 TikTok 合并后不久，由于在广告方面投入了大量资金，应用商店的排名有了很大的提高

这些 TikTok 广告真烦人！

一家公司想要投入巨资播放网络广告，将一个品牌引入新市场时，他们通常会与有创意的代理公司合作。他们会花大价钱聘请顾问，拥有多年行业从业经验的资深广告专业人士将贡献绝妙的创意。这个过程包括精心制作品牌信息，成立各种 Z 世代[1]焦点小组，找专业演员去昂贵的录音棚中拍摄广告，派团队进行视频编辑，还有平面设计师确保一切完美无缺。

张一鸣从来不是一个循规蹈矩的人。在北京购买第一套公寓时，他没有咨询房地产中介，也没有与家人商量，更没有亲自去看房，他找到了一条捷径。张一鸣在网上搜索数据，制作电子表格，只用了一个晚上就对数据做出了分析。

为 TikTok 和新收购的 Musical.ly 做广告，字节跳动也找到了类似的快捷方式，但他们的策略有点另类，他们只使用 TikTok 应用里的视频，而该平台的服务条款赋予了他们这样做的权利。

在手动识别和删除可能不合适的内容之后，字节跳动采用了一个系统的过程来试验各种视频。这些广告实际上并没有提到 TikTok 是什么，也没有说明人们为什么想使用 TikTok，它们所需要做的只是引起人们的兴趣而已。字节跳动的目标很简单：找到能让大多数人点击蓝色"安装"按钮的那个视频。

这个广告购买过程是由该公司经验丰富的成长黑客团队在北京操作的。这里只有一个问题：成长黑客团队像激光束一样专注于转化率指标，

1.美国及欧洲的流行语，指在 1995—2009 年间出生的人，又称网络世代。

却对实际的视频内容知之甚少。不管实际视频里有什么，只要转化率好，就会被更多地使用。事实证明，那些怪异滑稽的视频效果非常好，能吸引人们点击蓝色的"安装"按钮。

许多奇怪的广告吸引了与社会格格不入的人。这些人使用 TikTok 制作奇怪的视频，进而吸引更多不合群的人，这样就形成了一个循环。

TikTok 的视频分类系统非常尖端，能够自动准确识别和分类各种亚文化内容。该系统还能根据用户的行为更有效地对他们进行标记，并以 Musical.ly 始终未能做到的方式，精准为用户推荐内容。

一个突出的例子是"兽迷"，这些人喜欢穿着大型兽装，打扮成动物角色，但一直遭到污蔑和误解。很多兽迷都是美国 TikTok 的早期用户。

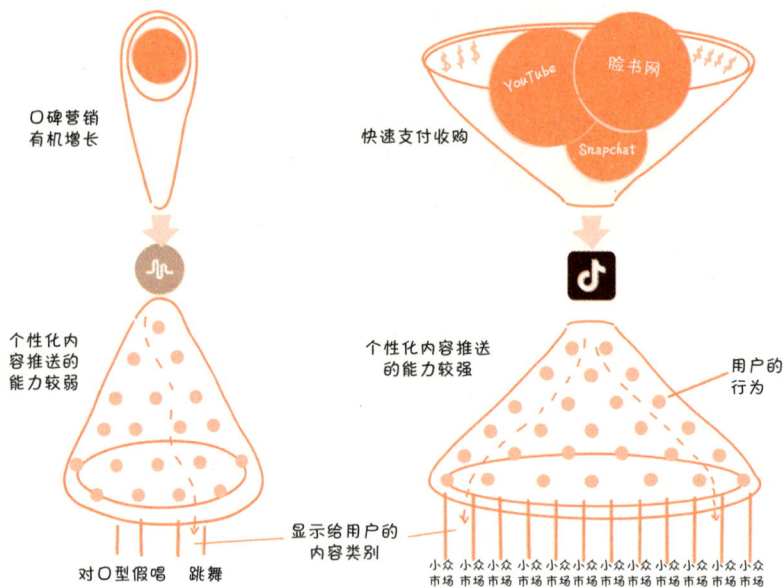

TikTok 获得新用户的速度比 Musical.ly 快得多。TikTok 可以精确而高效地根据用户的个人喜好，向他们推荐小众的视频内容，而 Musical.ly 始终没能做到这一点

五颜六色的卡通兽装对该应用的庞大青少年用户群很有吸引力，因此，其中许多人拥有了大量的粉丝，把这种亚文化带给了新的受众。

其他著名的 TikTok 早期用户群体包括角色扮演玩家和游戏玩家。这些群体互相不服气，便出现了"兽迷 vs 游戏玩家大战"的段子，这是一场轻松愉快的虚构冲突，游戏玩家假装被兽迷绑架，扮演间谍渗透到兽迷的队伍中。

TikTok 具有"分屏"功能，允许两段视频并排出现，将屏幕一分为二。以前在 Musical.ly，使用分屏功能是有限制的。但现在用户可以通过录制自己的视频来回应任何视频。随着平台上出现了许多兽族这样有些古怪的小众亚文化，"分屏"变得流行起来，迅速变成了欺凌和骚扰的工具。作为应对措施，TikTok 后来添加了一些设置，允许用户禁用分屏功能。

自从 2018 年 8 月 TikTok 与 Musical.ly 合并，该平台开始向一个截然不同的方向发展——并不是所有人都觉得开心。"TikTok 早期（无意中）在美国的定位可以说是'尴尬'。"一名不希望透露姓名的 TikTok 早期员

TikTok 上的兽迷用户。成年人打扮成大型拟人化的动物角色

工解释道。这个应用的形象很不好。人们普遍认为，TikTok 只适合不合群的人和制作对口型视频的孩子。

"我在那里就没看到成年人拍摄过正常的视频。一个成年人在应用程序上拍摄可爱的卡拉 OK 视频，还想方设法让视频走红，太奇怪了。"照片墙红人杰克·瓦格纳在接受最早报道 TikTok 的美国媒体采访时，不留情面地评价道。

巨额广告投入很有效，带动下载量激增，但这些广告也破坏了平台的声誉，当时人数不多的美国 TikTok 团队向中国总部表达了担忧。在中国，抖音从未遇到过这样的问题。早期用户的种子群体是经过精挑细选的，通过精心制作的华丽电影贴片广告、精明的病毒式营销和赞助热门选秀节目，这款应用建立了优秀的品牌形象。

"回顾历史，很多发明都是从玩具开始的，那些东西看似无关紧要，却有潜力成为更重要的东西。"Musical.ly 联合创始人朱骏在接受采访时表示，这与此前许多业内人士的观察结果一致。TikTok 早期以古怪尴尬

从 2018 年年末到 2019 年年初，网上厌恶 TikTok 的段子

的视频闻名，这让它看起来跟玩具差不多，很难让人将其当回事。这种情况让人想起，Snapchat 最初在人们的印象中只是一款专供大学生用阅后即焚照片"互发色情信息"的应用。TikTok 受到了很多的批评，据传闻其在美国的用户留存率低至 10%，除了它自己，谁都不觉得 TikTok 是个威胁。

然而，放弃该平台的人没能预料到 TikTok 竟会变得这么快。该平台内容分布的算法特性使其很容易发生"倾斜"，以支持特定的内容类型。字节跳动可以降低青少年对口型和舞蹈视频的曝光，转而突出不断增长的新内容类别，如魔术、街头喜剧、运动或手工艺。

投入巨额资金做广告带动了大量用户的拥入，创作者发现，由于优质内容的供需不平衡，他们很容易迅速吸引数量众多的粉丝。而照片墙、YouTube 和其他网站上则充满了竞相吸引注意力的人。TikTok 非常开放，开始吸引自己的一批内容创作者和网络营销人员，最终，那些希望在网上获得关注的人总会跟着数字走。这种情况与朱骏多年前对 Musical.ly 的比喻差不多："为了鼓励移民到一个新国家，需要让一些人先富裕起来。"

名人开始表示支持

"我最近接触了一个非常酷的应用 TikTok，你们听说过吗？"吉米·法伦问道，他是美国全国广播公司广受欢迎的深夜脱口秀《吉米·法伦秀》的主持人。演播室里的观众沉默不语。显然没几个人知道他在说什么。"没下载过的，去下载来看看吧。"他拿出一部苹果手机，进一步解释道。

法伦是第一个公开支持 TikTok 的美国大牌名人[1]。这段节目片段吸引了数百万的观众，反响非常好，许多人认为他肯定是收了钱才这么说，不过后来这一说法被否认了。另一个很受欢迎的电视节目《艾伦秀》也提到了 TikTok 非常积极的功能，这位与节目同名的主持人戏称："如果 TikTok 愿意花钱赞助节目，我可以再播一遍。"

字节跳动在花大价钱请明星代言方面从不犹豫。然而，在很多情况下，TikTok 实际上并不需要赞助别人：这款应用只要推广自己就够了。就像他们在日本发现的那样，电视节目和媒体自然会注意到该应用里的尴尬视频。TikTok 视频的高能片段非常吸引人，总能让观众做出反应。结果就是 TikTok 可以一直获得免费的曝光。

《老城之路》

蒙特罗·希尔是一个 19 岁的无业青年，银行账户里连一分钱也没有，只能睡在姐姐家的地板上。他从大学辍学，一心只想当说唱歌手，期待有一日功成名就。他在祖母家的储藏室里录制歌曲，并使用艺名利尔·纳斯·X 在音频发行平台 SoundCloud 上发布这些音乐。他的父母在他 6 岁时就离婚了，那之后，他跟着母亲和外祖母住在破旧的政府廉租房里。

---

1. 巧合的是，2015 年，将 Musical.ly 带到应用商店排行榜榜首的《对口型假唱大赛》，正是《吉米·法伦秀》的衍生节目。——作者注

蒙特罗有一个优点：他很执着，擅长网络营销，懂得如何制作病毒式推文。他每天都花几个小时在网上宣传他自己和他的歌曲。然而，尽管做了这些努力，他依然没能实现名利双收的梦想。成功一直离他很远，这在很大程度上导致了他长期焦虑、每天头痛和失眠。

2018 年年末的一天，蒙特罗在 YouTube 上搜到了一首动人的班卓琴曲子，这首曲子的作者是荷兰一位年轻的制作人，他也在自己的卧室里搞创作。蒙特罗马上就觉得这首歌很特别，便花了 30 美元买下了歌曲的版权。蒙特罗开始创作受乡村音乐启发的独特歌词来搭配班卓琴曲子。结果，完全不同的音乐风格组合在一起，听起来十分新颖：沉重的低音配合漫不经心弹奏的班卓琴曲子，蒙特罗的歌词是那么俏皮，"戴着古驰的牛仔帽，穿着威格牛仔裤"。他将这首歌命名为《老城之路》，并将其风格定为"乡村嘻哈"。他找了当地一家特价录音棚，只花了 20 美元，用了不到一个小时，就赶制出了一张唱片。

蒙特罗开始极力在网上推广这首新歌。他在推特网上创造出了以牛仔为主题的段子。这个时候，牛仔文化正好开始再度风靡，而这种复兴在一定程度上是由 2018 年最受欢迎的游戏《荒野大镖客：救赎 2》推动的。朗朗上口的《老城之路》小火了一把，但在两个月的宣传后，人们对这首歌的兴趣开始减退。

2 月 16 日，一切都变了，TikTok 上一个小有名气的红人迈克尔·佩尔沙听到了这首歌，他打扮成牛仔，拍摄了一段跟随歌曲跳舞的视频。这首歌很快就成了一个段子，人们在节奏开始响起的那一刻，把自己变成了跳舞的牛仔。《老城之路》迅速蹿红，数百万人用它做背景音来制作短视频。"太疯狂了！"佩尔沙惊呼道，"整整三个星期，每个人都穿得像个牛仔。"

这个段子在 TikTok 上出现了病毒式传播，这首歌随之爆红。美国各地对这首歌的兴趣如滚雪球般迅速增长，广播电台网络甚至使用从 YouTube 下载的 MP3 音频文件播放这首歌。TikTok 让《老城之路》成为一种现象，成为美国最热门的歌曲，而这个时候，蒙特罗甚至并未与唱片公司签约。

《老城之路》最终成为有史以来最成功的歌曲之一，赢得了多个音乐奖项。这首歌在公告牌百强单曲榜上连续 19 周蝉联榜首，是这个榜单 61 年历史上连获第一名时间最长的单曲。蒙特罗与哥伦比亚唱片公司签约，后来又与乡村音乐传奇人物比利·雷·赛勒斯合作录制了这首歌。在回忆他童话般的成功故事时，蒙特罗肯定地说出了原因："TikTok 帮我改变了我的生活。"

这个童话一样的故事揭示了内容分布的关键作用。即使是像蒙特罗这样非常精明又善于营销的人也发现，在推特网、照片墙和脸书网等饱和的社交媒体平台上发布内容，可谓一场艰苦的硬仗。在一个充满了音乐的世界里，制作专业优质歌曲的门槛非常低，毕竟蒙特罗只花了 50 美元，因此，仅仅创作一首高质量的歌曲并不能保证成功。相反，"穿越噪声"往往是决定因素。人们不禁要问，还有多少《老城之路》等着人们去发现呢？

段子的影响力

说到用户原创的音乐视频段子所具有的非凡力量，《老城之路》是迄今为止最好的例证。段子极大地降低了内容创作在创新性和动力两方面的门槛，提供了一个允许任何人参与的模板。这些段子通常被称为"挑战"，这个术语明确地表达了其参与性。

不可否认，段子是 TikTok 成功的关键推动因素。这些视频通常给人的印象是无聊的娱乐，而且不符合逻辑分析。然而，在足够的曝光下，公式开始出现。就像所有的故事都可以归类为 7 条基本的情节主线一样，视频段子也可以被划分为固定数量的类型。

变装段子的开场很简短，随后便会出现戏剧性的转变或随着伴奏歌曲进行变装。开场在歌曲的起始部分，歌曲的高潮来临，变装就开始了，这放大了戏剧性的效果：将一个小故事片段压缩在了 15 秒内。

历史上最受欢迎的几个视频段子都是变装段子，比如"不要评判我"挑战，Musical.ly 在 2015 年之所以能登顶美国应用下载排行榜，全靠它的助推。其他著名的例子包括标志性的"karma is a bitch"（抖音，2017 年）和"哈莱姆摇摆舞"（YouTube，2013 年）。

舞蹈段子是指伴随歌词或节奏，模仿一组新颖的舞蹈动作或手势。竖屏的人像比例特别适合拍摄个人舞蹈。这种类型的视频很受青少年的欢迎，他们在卧室里就能录制，门槛很低，只需要移动身体或用口型对

变装	舞蹈	挑战	滤镜	概念
不要评判我挑战	Shiggy 舞挑战 琪琪，你爱我吗？	瓶盖挑战	镜像挑战	小熊软糖挑战

各种视频段子

歌词。Musical.ly 第一批受欢迎的青少年网红有很多，比如 Baby Ariel，她就擅长创造适配歌词的手势。

挑战段子指的是完成任务，而这样的任务都有难度，叫人不舒服，还需要技巧。这种形式的早期例子是 2014 年的"冰桶挑战"，在这个活动中，明星们拍摄视频，记录下将一桶冰水倒在自己头上的过程。2019 年著名的"瓶盖挑战"要求一脚踢开瓶盖。在中国，"A4 腰挑战"（2016 年）见证了女性用一张 A4 纸遮盖住自己腰部最细的部分，来证明自己身段苗条。

滤镜段子要使用特效。字节跳动很快意识到用户会采用创新和有趣的增强现实视频滤镜来创建段子。一款新发布的滤镜就可以彻底解决创意问题，让视频更受欢迎。在 TikTok 上，这个滤镜就跟话题差不多，充当起了内容发现的渠道，因此，早期采用流行滤镜的人就有机会获得高曝光率和许多新粉丝。

一个有启发意义的例子是很受欢迎的"镜像挑战"（2020 年）。滤镜只是将屏幕的左半部分反射到右半部分。用户很快试验并学会了把脸对齐，以创建各种令人兴奋的效果和变脸。

概念段子就是单纯的概念。这种模式很新颖，但能够被其他人完全复制，模仿的人还可能加入自己的想法。早期一个非视频的概念段子，是在公共场所脸朝下趴着的热潮，被称为"趴街"（2011 年）。2016 年的"假人挑战"是另一个显著的例子。视频里的人保持静止，就像商店橱窗里的人体模型，摄像机会把镜头对准他们，整体效果就好像时间突然停止了。

有个值得注意的概念段子是 2019 年的"小熊软糖挑战"，由捷克的 TikTok 用户大卫·卡斯普拉克发起。阿黛尔的金曲《爱人如你》的副歌部分响起，镜头慢慢移动到数百颗小熊软糖上，仿佛是它们在唱歌。

排成整齐队列的"小熊"齐声高唱:"算了算了,我会找到……像你的他……"那么多"小熊"的悲伤溢于言表。这种 15 秒的视频令人着迷,更引人注目的是,视频里一个人也没有。

流行的视频段子跨越了难度的"适居带"。太容易被别人复制,意味着它们很快就会变得乏味,要是太复杂,别人无法复制,就无法传播。事先看过某个段子,会促进对新变体的心理处理,因为它提供了一个可以整合新信息的熟悉结构。音乐是产生这些心理联系的最有力的触发器。

人类的大脑天生就有感知周围环境的模式。《老城之路》开始在一个新的 TikTok 视频中播放,观看者就会将他们看到的内容与他们看过的所有其他《老城之路》视频联系起来。熟悉感马上就建立起来,用户对即将看到的内容也将产生预期。

《老城之路》是一个特别有说服力的组合,一个通俗易懂的舞蹈段子,当这首歌的副歌一开始,人们就开始变装为穿牛仔服,歌曲的主题与舞蹈配合得可谓天衣无缝。

20 世纪 80 年代,随着 MTV 电视频道走红,出现了专业制作的音乐视频。智能手机和段子则促成了一个全新的类别:用户原创音乐视频。一些艺人甚至在写新歌的歌词时,脑海中会浮现出适合短视频的手势。

苦苦挣扎的竞争对手

2019 年夏天,马克·扎克伯格站在位于门洛帕克的脸书网总部礼堂前,面对聚集在一起的公司员工,回答他们提出的问题。员工公开问答是公司的传统，让一线员工和首席执行官直接沟通。

观众中的一位程序员举起了手。"公司是否担心 TikTok 在青少年和 Z 世代中日益增长的文化影响力？我们有什么反击计划吗？"

"TikTok 做得很好。"扎克伯格明确地回答道。他指出，印度和美国年轻人是 TikTok 两个强大的用户群体，接着，他讲到公司计划通过 TikTok 克隆产品 Lasso 来应对这个新的竞争对手。脸书网首先会将 Lasso 瞄准墨西哥等市场，TikTok 在这些地方尚未占有很大的市场份额，然后才会在 TikTok 占主导地位的市场与其展开正面竞争。

4 个月后的 11 月，Lasso 并没有产生重要的影响。这款应用的下载量不到 50 万，主要集中在墨西哥。《纽约时报》一篇强烈批评的文章指出，TikTok 上的许多视频都有数十万个赞，但"Lasso 上几乎相同的信息源的视频通常只有几十个赞"。试验还在继续，2019 年年底，TikTok 的另一个克隆版本"Reel"开始在巴西市场试运行，这次该程序内置在照片墙中。

到 2020 年年初，脸书网首席运营官谢里尔·桑德伯格公开承认，该公司对 TikTok 感到担忧。"我们当然很担心。"她说。在提到她的孩子们喜欢 TikTok 后，她补充道："他们的增长很快，我们从未达到过这样的速度。"

一种始于中国的模式现在正在西方重演。字节跳动推出了一款突破性产品，而这家最有条件与之竞争的互联网巨头未能发现威胁，醒悟过来后已经晚了。

2012 年，张一鸣看到了机会，可以通过移动信息推送聚合内容，还可以使用推荐来提供个性化体验。字节跳动公司当时只有 30 个人，在一个单元房里工作。搜索巨头百度是当时中国第二大最有价值的互联网公司，他们更有条件提供这项服务，毕竟这有很高的技术要求。然而，百度的领导层未能认识到这个机遇有多重要。

同样，2017 年腾讯放弃了在短视频领域的直接竞争，关闭了微视，选择收购当时的市场领导者快手的少数股权。随着抖音使用量的爆炸式增长，腾讯手忙脚乱地重新加入了竞争，但最终发现为时已晚：抖音已经在市场上遥遥领先了。

脸书网也陷入了这样的境地。他们的失策在某种程度上与腾讯差不多。早期，他们眼光独到，认为 Musical.ly 很有潜力，一度很想收购这款应用。但后来，他们严重低估了 TikTok。

腾讯可以被原谅，因为抖音在中国的崛起是如此之快，让整个行业都为之震惊。脸书网则没有这样的借口。他们清楚地知道抖音在中国的火爆程度。字节跳动投入巨资在脸书网上做广告，为 TikTok 吸引用户。这款应用的成功程度远远超过了 Musical.ly 在西方市场的成功。无论是由于狂妄自大，还是受到了"剑桥分析"丑闻的干扰，脸书网虽然有更多机会做出反应，但他们还是失手了。

与腾讯在中国复制抖音的努力相比，脸书网复制 TikTok 的尝试则透着几分怯懦。腾讯迅速组建了一个由几百人组成的团队，投入数亿美元补贴吸引视频创作者，并在其现有产品系列中进行大规模推广。相比之下，脸书网只在少数几个选定的发展中国家进行了保守的测试，没有采取任何重大的行动。

在中国，腾讯一意识到抖音对其几个核心业务线构成了严重威胁，就采取了行动，不再接受字节跳动在其提供的服务中投放的所有广告。相比之下，尽管知道 TikTok 现在是竞争对手，脸书网和谷歌仍继续允许这家中国公司在它们的平台上做广告，斥巨资将用户吸引到 TikTok。

字节跳动的地位仍然很不理想。他们需要迅速扩大规模。到目前为止，在美国市场上实现这个目标，最有效的方法正如一名脸书网前员工所总结的那样："向未来的竞争对手支付数十亿美元的广告费，在过程中放弃关于他们的目标定位和成功安装的关键数据。"然而，这种不理想的情况至少比在中国好得多，在中国，竞争对手会直截了当地拒绝字节跳动的钱。

Snapchat 创始人埃文·施皮格尔对 TikTok 有不同的看法。尽管员工和分析人士表示担忧，称这两款应用的目标用户群体存在着重叠，都是年轻人，但这位首席执行官还是坚称两家公司没有竞争。"我认为，在较高的水平上看待 TikTok，我们肯定会把他们视为朋友。"施皮格尔在一次财报电话会议上这样评价道。也许更恰当的说法应该是，"敌人的敌人就是我的朋友"。

2020 年年初，在德国一个设计大会的小组讨论中，施皮格尔进一步阐述了他对 TikTok 的看法，他通过一个理论模式来概念化 TikTok 内容的价值，以及 TikTok 与 Snapchat 等社交网络应用的区别。

施皮格尔提出了三层通信技术金字塔的概念，基础层是自我表达和通信。他把这些归类为所有人做起来都很舒服的普遍行为。上面一层是"地位"，假设"社交媒体最初的结构实际上是与地位有关，是为了向人们展示你很酷，得到点赞和评论"。他的理由是，"地位"不太容易得到，它的吸引力基础比较窄，参与频率也有限，因为"人们只会一星期或一个月做一次很酷的事，而不是每天都做"。

金字塔的最后一层被称为"才能"。基于才能的内容比基于身份的内容更有趣。它包括人们创造媒介来娱乐他人。制作这些内容需要时间和创造力。很少有人愿意学习一种新的舞蹈或耐心地拍摄音乐视频。

TikTok 主要是一个娱乐平台。其"社交"方面相对较弱，对大多数用户来说几乎不存在，只是用来看、写和点赞陌生人的评论，就像大多数人使用 YouTube 时一样。施皮格尔提出，娱乐内容有可能吸引人们远离更有影响力的地位内容，因为它更有趣。

这个金字塔图示有助于说明，施皮格尔认为 TikTok 并不构成威胁。这两个平台的核心价值存在着很大的差异。TikTok 为人们提供来自陌生

	目标	难度	平台
才能	娱乐	低	YouTube, TikTok
地位	传递信号	中等	照片墙，脸书网，WeChat
自我表达	沟通	高	WhatsApp, Snapchat

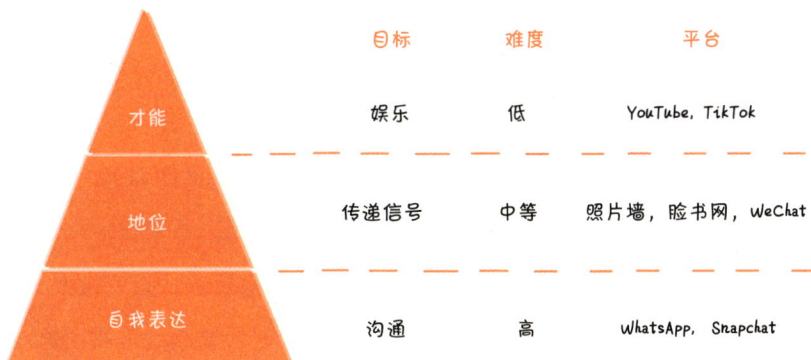

施皮格尔的金字塔图示

人的娱乐，而 Snapchat 将朋友们联系在一起。

TikTok 可以被视为智能手机时代真正的电视接班人。只需要简单地向上滑动一下，就能切换到下一个视频，这个动作在心理上类似于用遥控器切换电视频道。不知道接下来将看到什么视频，人们会有所期待，非常容易上瘾。

TikTok 不需要注册账号、订阅频道、添加朋友，也不需要花心思选择消费哪一种内容。就像看电视一样，只需打开即可。TikTok 方便、直观，是一个让人们忘记烦恼、彻底放松的地方。

TikTok 的护城河在哪里？

如此容易上手，又不依赖传统的社交图谱，这让很多人难以确定 TikTok 的"护城河"到底是什么。是什么阻止了财力雄厚的老牌竞争对手进入市场，吞噬 TikTok 的份额？

事实证明，与 TikTok 竞争的美国公司，遇到了和中国公司在与抖音竞争时遇到的同样的障碍。创造 TikTok 的基本克隆版，并获得一小部分市场份额，这很容易做到。一旦 TikTok 在一个市场上站稳脚跟，要创建比它更好的版本，就难如登天了。

TikTok 在自动视频分类和内容推荐系统上享有优势，只有最大的互联网公司才有资源在这些方面与他们一争高下。这项技术允许将"长尾"内容与用户进行更好的匹配，这进一步放大了 TikTok 已经存在的内容优势。用户在 TikTok 上花的时间越多，他们的用户资料兴趣图谱就变得越详细。简而言之，你使用 TikTok 的次数越多，它就会越个性化。如此一来，使用任何克隆版本，早期体验总是比较差。

其他竞争对手难以匹敌的技术壁垒包括，TikTok 使用精密的计算机视觉来自动分类和标记视频。TikTok 还不断地发布新颖和创造性的增强现实视频滤镜。

TikTok 品牌已经成为音乐短视频的代名词。随着 TikTok 这个名字成为通俗用语，它得到了普通公众的认可，品牌声望也变得很高。要是有人说"拍个 TikTok 吧"，不需要解释，你也能明白他们的意思。TikTok 吸引的用户越多，有关它的议论就越多。总有人追求与众不同，但大多数人都随大流。

可以说，最有力的防御措施，是由技术娴熟的视频创作者组成的丰富的生态系统。这些人投入时间和创造力，为平台制作独特的内容，这些内容对他们的小众受众来说不仅及时，还很有意义。TikTok 拥有最多样化、最活跃的短视频内容创作者生态系统。建立这样的社区需要时间，且这样的社区也难以大规模地再现。TikTok 的潜在新竞争对手可能会面临和腾讯微视一样的问题：人们确实愿意尝试别的应用，然而，一旦发现那些应用的内容比较差，他们就会放弃，再度使用 TikTok。

　　培育一个健康的创作者生态系统需要做三件事。首先，用户需要转变成创作者。其次，创作者要能找到受众并吸引粉丝。最后，他们必须有办法直接或间接地赚到钱。

　　TikTok 考虑了这三个步骤。要将用户转化为创作者，就要多多利用段子来进行激励。视频可以在不同地区之间转移，作为"教育材料"，向用户展示可以做什么。视频编辑工具和不断更新的新奇有趣的滤镜使用起来非常直观，为这三步提供了最好的支持。

　　字节跳动花钱做广告吸引了大量新用户，所以，在 TikTok 上很容易就能吸引粉丝。人们用"非常普通的内容"就迅速获得了大量粉丝，这样的事屡见不鲜。这种情况绝不是 TikTok 独有的。一个新的内容平台迅速崛起，自然会产生一批新的红人，他们会因为内容供需的暂时失衡而与平台一起成长。照片墙等成熟的老平台的情况则正好相反，因为这些平台上已经充满了为吸引注意力而创作高质量作品的账号。

创作者通过流量赚钱	为品牌代言 电子商务：子公司或自有品牌产品 打赏，虚拟礼物
创作者吸引粉丝	平台必须有足够的流量来分布内容 为用户匹配合适的内容，做到精准的个性化 内容提供再饱和也不为过
用户成为创作者	段子激发创作，并为创作提供框架 内置的视频编辑工具直观易用 音乐提供动力和灵感

三步过程，将用户转变为长期优质的内容创作者

盈利是最具挑战性的一步。获得了这么多的关注之后，该如何从中获取价值呢？对大多数人来说，定期制作高质量的视频内容是一项全职工作。如果没办法长期通过平台账号谋生，创作者会很受挫，带着他们的粉丝转移到其他平台，或者干脆停止创作。

许多网红都有办法直接代言品牌，或做软广告推广。为了进一步促进这一点，TikTok 建立了一个交易平台，方便品牌寻找合适的创作者，并开始测试在中国被证明有效的各种盈利功能，包括在视频中嵌入商店链接，让人们可以购买他们看到的东西。

TikTok 还采用了一种在中国经过考验的策略：设立"创作者基金"，为符合特定标准的达人提供补贴。2020 年，他们宣布成立一个基金，初始规模为 2 亿美元，三年后该基金在美国增长到 10 亿美元。

为了管理这个基金和其他许多项目，TikTok 的美国团队需要大幅扩张。在这么短的时间内招到这么多员工，或许是最大的挑战。

打造 TikTok 美国

张一鸣忙着加快向全球拓展的各方面工作，物色全球商业领导团队。中国的业务都由他信任的大将张楠和张利东负责。

在公司成立 8 周年之际，张一鸣在一封致员工的信中公开披露了公司 2020 年员工人数达到 10 万的目标。这一目标如果实现，该公司的员工人数就将超过脸书网和腾讯，其中大部分新员工均来自中国以外。

在招聘关键职位时，张一鸣遵循一种久经考验的做法：积极招聘最

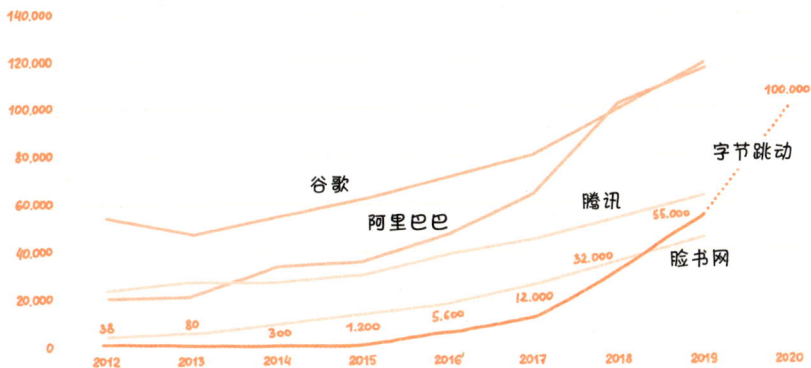

与其他知名互联网服务公司相比，字节跳动从成立起到 2020 年的员工数量

优秀的人才，为他们提供丰厚的薪酬。2019 年 2 月，瓦妮莎·帕帕斯成为第一位受雇的美国管理人员。瓦妮莎在 YouTube 工作了 7 年，通过自己的努力成为全球创意洞察主管，专门负责网红和名人的增长策略。她任职 TikTok 美国总经理。

4 个月后，在脸书网担任了 12 年副总裁的布莱克·钱德利跳槽到 TikTok。当被问及为什么加入 TikTok 时，钱德利这样回答："TikTok 的指标非常惊人。"曾在微软任职 25 年的高级主管埃里克·安德森加入了 TikTok，担任"全球法律总顾问"。美国空军前作战安全专家罗兰·克卢捷成为 TikTok 的"全球首席安全官"。

到 2019 年年底，字节跳动已经开始在脸书网的家门口做起了生意。字节跳动搬进了即时通信应用 WhatsApp 以前的办公室，立即以高出 20% 的工资挖来了脸书网的员工。2020 年 5 月有消息称，TikTok 在纽约时代广场租用了 23.2 万平方英尺的顶级写字楼。

TikTok 风靡美国，字节跳动公司打造出了中国第一个真正意义上在全球爆火的热门互联网产品，远远超过了竞争对手腾讯和阿里巴巴在国际上的发展。硅谷那些可怕的巨头任由字节跳动自由地发展成为短视频领域的新领军企业，由此可见，他们的反应非常迟缓。

TikTok 在 2019 年的收入难以赶上中国业务。然而，TikTok 是未来的增长引擎，将推动字节跳动走出中国，进入下一个发展阶段。

同时涉足中国和西方市场，字节跳动因此来到了一个独一无二的强势地位。通过遵循抖音已经开发的广告收入模式，TikTok 获利的潜力非常大。它不仅将成为摇钱树，还将成为其他服务的门户。字节跳动能在自己的产品组合里做广告，以最快的速度和最低的成本在全球范围内准确定位并获取新用户，而不必把钱和数据交给脸书网和谷歌这两个在线广告双头垄断看门人。

2020 年年初，随着新冠病毒在全世界爆发，人们要在家中隔离数周，甚至数月。虽然航空公司、酒店和餐馆纷纷破产，人们对在线娱乐的需

全球下载量（以百万计）

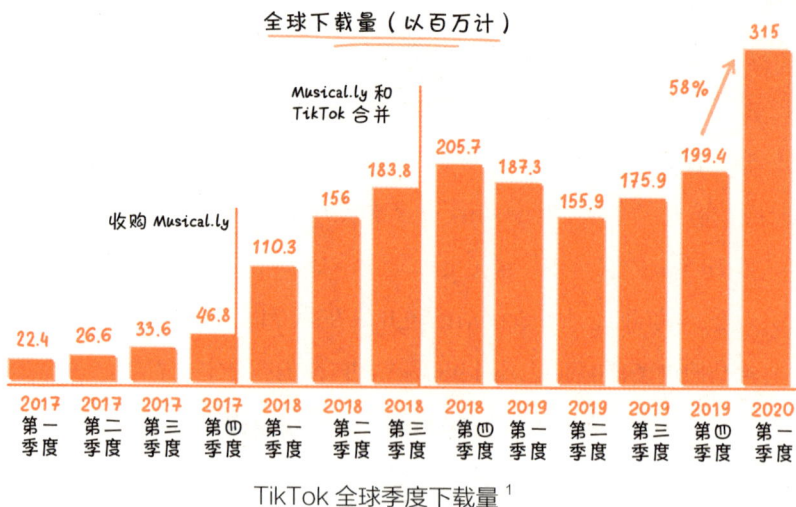

TikTok 全球季度下载量[1]

---

1. 数据来源：移动应用数据分析公司 Sensor Tower。——作者注

求却在飙升，TikTok 的下载量因此达到了历史最高水平。人们被困在家中，压力很大，觉得无聊，可以说是备受折磨，他们很想找点事做，使用 TikTok 便成了完美的解决方案。下载量和用户黏性随之飙升，在美国更是如此。到 2019 年 10 月，TikTok 在美国的月活用户接近 4000 万，8个月后增至 9100 多万。

TikTok 集结了由行业资深人士组成的强大团队，但张一鸣的野心还不止如此。2020 年 5 月，有消息称他又挖到了人才：迪士尼高管凯文·梅耶加入了字节跳动。聘用梅耶一事在美国商界引发了轩然大波，当时 TikTok 母公司的知名度还很低。张一鸣签下梅耶可谓惊爆眼球，毕竟梅耶来自美国最受尊敬的公司之一，是顶级商业领导人。梅耶的职位是 TikTok 的首席执行官和字节跳动的首席运营官，直接向张一鸣汇报。

TikTok 的崛起让美国科技行业大吃一惊。关于这款应用的背景及其新颖创新的长篇分析文章开始频繁出现。到 2020 年年终，TikTok 已经变得不可忽视，下载量达到了惊人的 20 亿次，毫无疑问是世界上最热门的平台。

TikTok 发展得这么好，简直令人难以置信。

EPILOGUE

尾声

> **Donald J. Trump**
> Sponsored · Paid for by TRUMP MAKE AMERICA GREAT AGAIN COMMITTEE
> ID: 267802722295651
>
> TikTok 被抓了个正着，他们正在监视你手机剪贴板上的内容。
>
> 你认为我们应该封禁 TikTok 吗？现在就签署请愿书！
>
> TEXT "TRUMP" TO 88022
>
> **TikTok**
> 正在监视你
>
> DONALDJTRUMP.COM
> WARNING: China is spying on you
> Sign the petition NOW>>>
>
> Sign Up

我们正在研究 TikTok。我们可能会禁止 TikTok。我们也可能采取其他行动。

——唐纳德·特朗普

一年当中可以发生很多变化。我开始写这本书时全球的状况，和我们今天所处的世界相差甚远。

新冠病毒大流行让我们的生活发生了翻天覆地的变化。在家工作、禁止旅行和戴口罩成为日常生活的一部分。印度和中国边界发生军事冲突。此后，包括 TikTok 在内的 59 款中国应用程序均被下架。印度是 TikTok 最大的市场，其用户约占该应用全球用户的三分之一。

我想，当我在 2019 年夏天开始写这本书时，唐纳德·特朗普甚至都没听说过 TikTok。很难想象，过去几个月里，随着 TikTok 卷入全球地缘政治竞争和美国选举活动，这款应用在美国的命运竟会出现如此戏剧化的转变。截至 2020 年 9 月，字节跳动在被要求分拆并出售 TikTok 的部分业务后，对特朗普总统采取了法律行动，而微软和甲骨文等投标者争相收购这一宝贵资产。TikTok 在美国陷入了风雨飘摇的命运。

我决定写到这里便打住，不去做任何肯定过不了几天就过时的猜测。在这本书的开头，我提到了本书的目标，即为围绕 TikTok、字节跳动、短视频的崛起以及中国互联网公司的更广泛讨论和理解带来价值。写了 6 万字之后，我觉得我们只触及了表面。

很难选择削减哪些内容，还有许多方面我很遗憾没有时间充实细节和详细探索，比如张一鸣醉心于"把一家公司当成一款产品来打造"，TikTok 在被封禁前对印度乡村地区产生的深远影响，2014 年媒体因内容版权问题对今日头条发起的强烈抵制，以及字节跳动涉足企业软件、游戏和教育科技领域，等等。

有一点我很确定，这不会是最后一本关于这家企业的书。字节跳动和 TikTok 的故事还在继续……

RESOURCES

资 源

字节跳动的重要 App

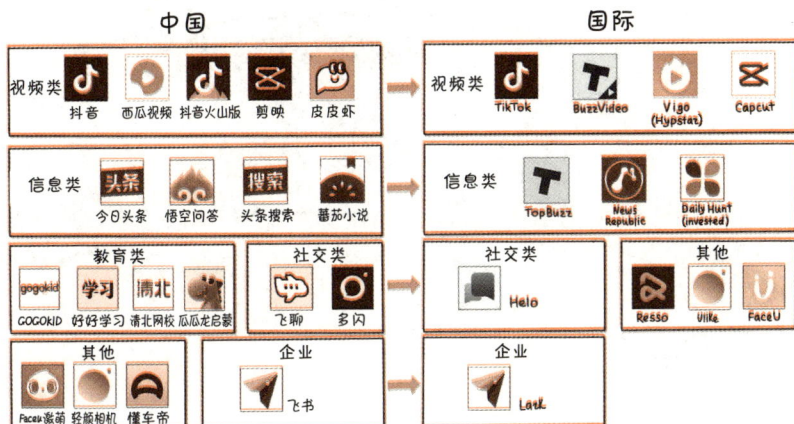

中国　　　　　　　　　　　　国际

视频类：抖音　西瓜视频　抖音火山版　剪映　皮皮虾
视频类：TikTok　BuzzVideo　Vigo (Hypstar)　Capcut

信息类：今日头条　悟空问答　头条搜索　番茄小说
信息类：TopBuzz　News Republic　Daily Hunt (invested)

教育类：GOGOKID　好好学习　清北网校　瓜瓜龙启蒙
社交类：飞聊　多闪
社交类：Helo
其他：Resso　Ulike　FaceU

其他：Faceu激萌　轻颜相机　懂车帝
企业：飞书
企业：Lark

灰色图标表示该应用程序最近已经关闭。

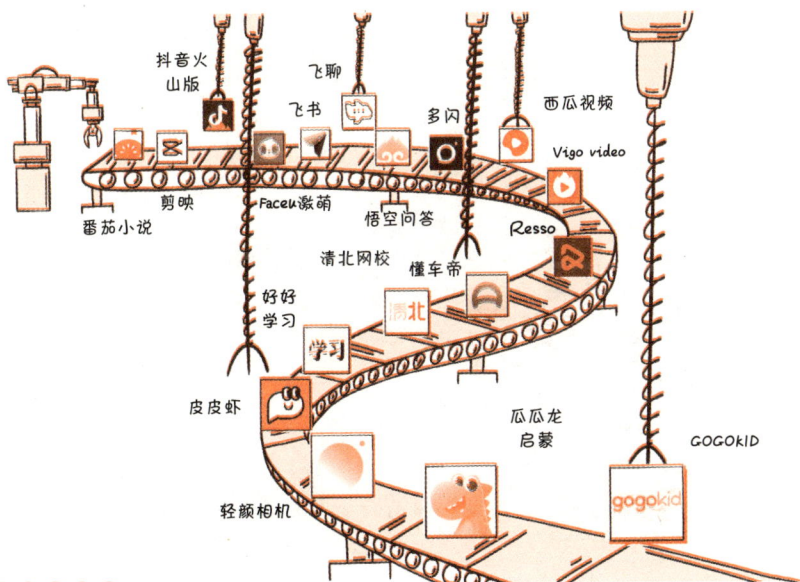

抖音火山版　飞聊　飞书　多闪　西瓜视频　Vigo video　剪映　番茄小说　Faceu激萌　悟空问答　Resso　清北网校　懂车帝　好好学习　学习　皮皮虾　瓜瓜龙启蒙　GOGOKID　轻颜相机

App 的图标及名称等以作者创作本书时的状态为准。——编者注

字节跳动的关键人物

先驱
阳陆育，朱骏

算法奇才
朱文佳

广告之王
张利东

投资人
王琼

大学同窗
梁汝波

产品女王
张楠

老板
张一鸣

高层管理人员

（2020 年中期）

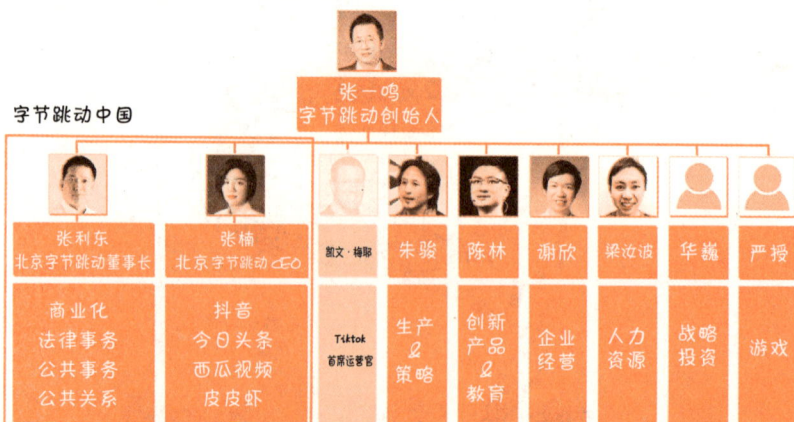

张一鸣
字节跳动创始人

字节跳动中国

张利东 北京字节跳动董事长	张楠 北京字节跳动CEO	凯文·梅耶 Tiktok 首席运营官	朱骏	陈林	谢欣	梁汝波	华巍	严授
商业化 法律事务 公共事务 公共关系	抖音 今日头条 西瓜视频 皮皮虾		生产 & 策略	创新产品 & 教育	企业经营	人力资源	战略投资	游戏

字节跳动公司结构
（概述）

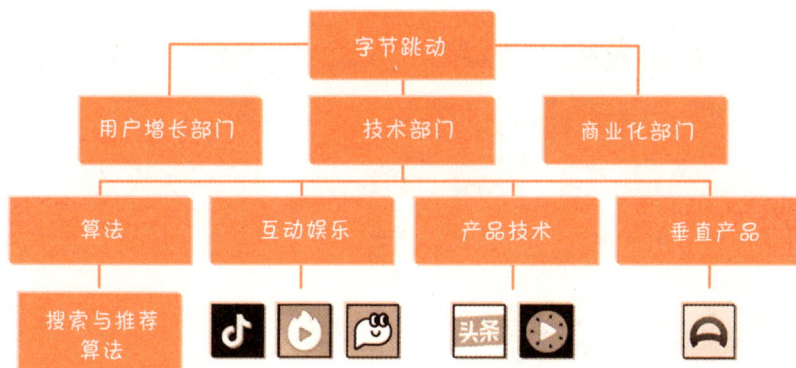

字节跳动有三个核心职能部门：用户增长部门、技术部门和商业化部门，分别专注于用户获取、产品开发和货币化。

字节跳动技术体系
（概览）

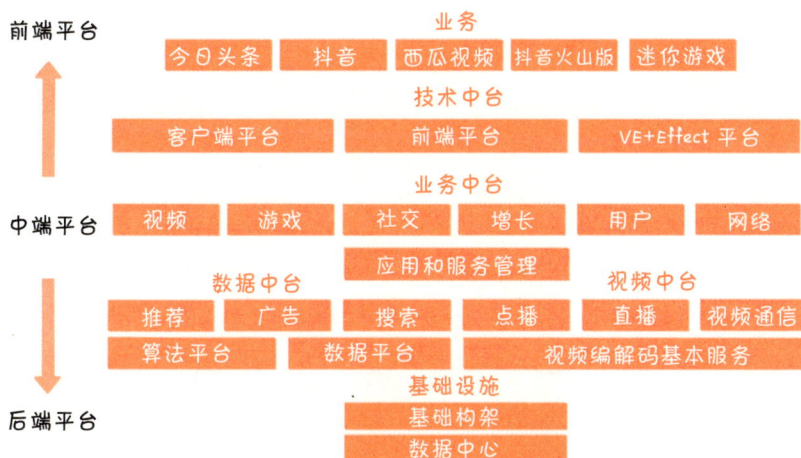

前端平台					

业务

| 今日头条 | 抖音 | 西瓜视频 | 抖音火山版 | 迷你游戏 |

技术中台

| 客户端平台 | 前端平台 | VE+Effect 平台 |

业务中台

| 视频 | 游戏 | 社交 | 增长 | 用户 | 网络 |

| 应用和服务管理 |

数据中台　　　　　　　　视频中台

| 推荐 | 广告 | 搜索 | 点播 | 直播 | 视频通信 |
| 算法平台 | 数据平台 | 视频编解码基本服务 |

基础设施

| 基础构架 |
| 数据中心 |

中端平台

后端平台

字节技术体系—基础架构

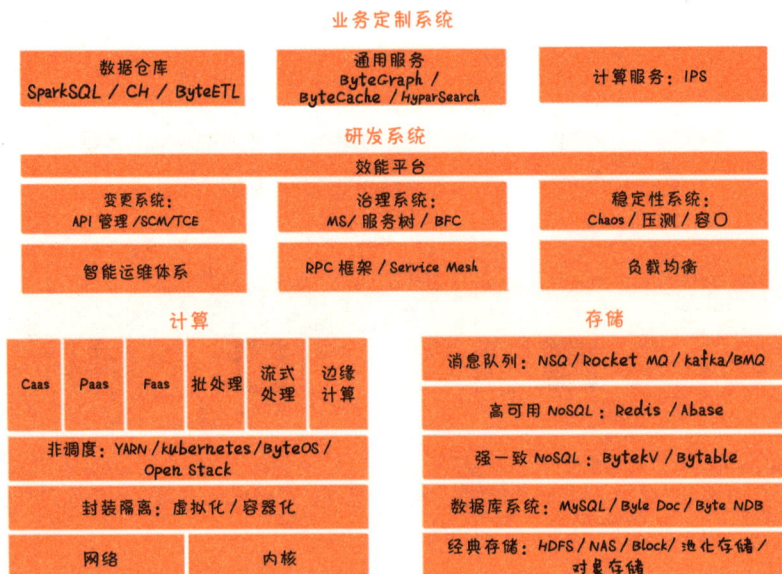

业务定制系统

| 数据仓库 SparkSQL / CH / ByteETL | 通用服务 ByteGraph / ByteCache / HyparSearch | 计算服务：IPS |

研发系统

效能平台

| 变更系统： API 管理 /SCM/TCE | 治理系统： MS/ 服务树 / BFC | 稳定性系统： Chaos / 压测 / 容 O |
| 智能运维体系 | RPC 框架 / Service Mesh | 负载均衡 |

计算

| Caas | Paas | Faas | 批处理 | 流式处理 | 边缘计算 |

非调度：YARN / kubernetes / ByteOS / Open stack

封装隔离：虚拟化 / 容器化

| 网络 | 内核 |

存储

消息队列：NSQ / Rocket MQ / kafka/BMQ

高可用 NoSQL：Redis / Abase

强一致 NoSQL：BytekV / Bytable

数据库系统：MySQL / Byle Doc / Byte NDB

经典存储：HDFS / NAS / Block/ 池化存储 / 对象存储

字节跳动全球员工数

（估算数字，印度下架相关 App 前）

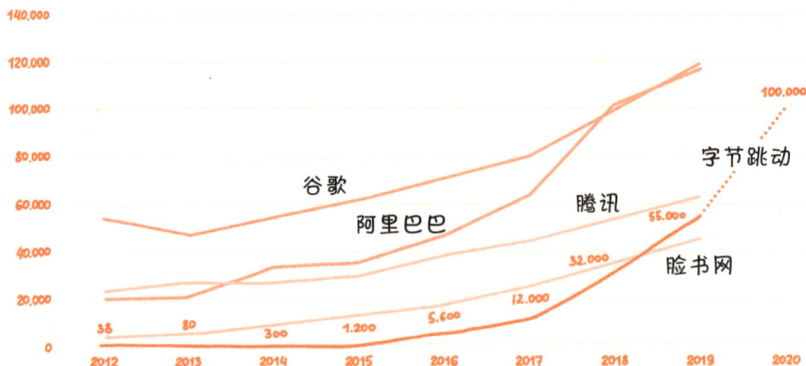

谷歌
阿里巴巴
腾讯
字节跳动
脸书网

100,000
55,000
32,000
12,000
5,600
1,200
300
80
38

资料来源：公司财务报告、新浪科技、路透社、36 氪、钛媒体、虎嗅网

字节跳动接受过的投资

日期	投资轮数	金额（以美元计）	领投者	公司估值（以美元计）
2012 年 4 月	天使投资	300 万	海纳亚洲	-
2012 年 7 月	A 轮	100 万	海纳亚洲	-
2013 年 5 月	B 轮	1000 万	尤里·米尔纳（阿波罗基金），海纳亚洲，源码资本	6000 万
2014 年 6 月	C 轮	1 亿	红杉中国，新浪微博	5 亿 +
2016 年 12 月	D 轮	10 亿	红杉中国，建银国际	110 亿
2017 年 9 月	E 轮	20 亿	泛大西洋投资	220 亿
2018 年 11 月	上市前	25 亿 ~ 40 亿	泛大西洋投资，科尔伯格·克拉维斯·罗伯茨集团，春华资本集团，软银	750 亿
2020 年	无	未公开	老虎环球基金	1000 亿

本书中提到的中国城市

龙岩：张一鸣的故乡。

天津：张一鸣就读大学（南开大学）所在城市。

北京：张一鸣开始创业的城市，也是字节跳动从零开始的城市。

上海：面向欧美市场的中国应用程序 Musical.ly（后被字节跳动收购）诞生的城市。

深圳：互联网巨头腾讯公司、无人机制造商大疆总部所在地。

字节跳动总部所在地，北京西北部

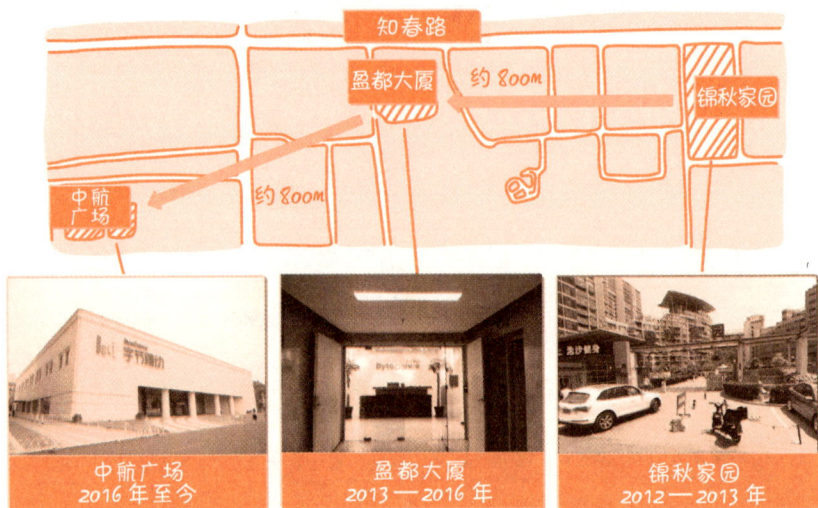

中航广场
2016 年至今

盈都大厦
2013 — 2016 年

锦秋家园
2012 — 2013 年

PEOPLE

人 物

亚历克斯·霍夫曼（ALEX HOFMANN），Musical.ly 北美地区前总裁，在字节跳动发起收购后离开

朱骏，Musical.ly 联合创始人，字节跳动产品和战略副总裁

张小龙，Foxmail 创始人，微信创始人，腾讯公司高级副总裁

阿里尔·丽贝卡·马丁（ARIEL REBECCA MARTIN，@babyariel）社交媒体大 V，2016—2018 年 Musical.ly 的深度使用者

曹欢欢，今日头条首席算法架构师

陈华，酷讯网联合创始人兼前 CEO

陈林，曾任今日头条 CEO，字节跳动创新业务负责人。字节跳动第 12 号员工

陈雨强，百度前程序员，在今日头条主持设计实现了中国用户量最多的新媒体人工智能推荐系统

克莱门特·拉芬努克斯（CLEMENT RAFFENOUX），Mindie 的联合创始人和首席产品官

埃里克·安德森（ERICH ANDERSEN），微软前首席知识产权 IP 顾问，2020 年加入字节跳动担任全球法律总顾问

傅盛，Musical.ly 的早期投资者，猎豹移动的 CEO。对 Musical.ly 交易拥有否决权

高寒，字节跳动第 22 号员工，高级 UI 设计师

格雷瓜尔·昂里翁（GREGOIRE HENRION），法国连续企业家，Mindie 的联合创始人和 CEO，后来是 YOLO 的联合创始人和 CEO

谷文栋，今日头条副总裁，曾担任宜信大数据创新中心研发总监

洪定坤，字节跳动技术副总裁，曾任百度贴吧的技术经理

黄河，字节跳动最早的开发者，负责开发公司第一个应用程序

华巍，现任今日头条副总经理，主要负责人力资源等事务

詹姆斯·韦拉尔迪（JAMES VERALDI），前 Musical.ly 产品战略部负责人

杰森·德鲁罗（JASON DERULO），第一个入驻 Musical.ly 的音乐人，并在平台独家首发音乐视频

吉米·法伦（JIMMY FALLON），第一个公开支持 TikTok 的主流美国名人。《对口型假唱大赛》推动了 Musical.ly 在 2015 年流行起来。这是《吉米·法伦秀》（Jimmy Fallon Show）的衍生产品

王琼，张一鸣信任的朋友，字节跳动最重要的投资人，海纳亚洲董事总经理

乔纳斯·德鲁佩尔（JONAS DRUPPEL），Dubsmash 德国联合创始人兼 CEO

张楠，北京字节跳动 CEO，曾担任抖音 CEO，也曾短暂负责过 TikTok

凯文·梅耶（KEVIN MAYER），迪士尼前高管，于 2020 年 5 月加入字节跳动成为 COO，并出任 TikTok CEO，同年 8 月辞职

木下优树菜（KINOSHITA YUKINA），第一个为 TikTok 代言的日本名人

梁汝波，张一鸣密友兼室友，字节跳动第 3 号员工，今日头条技术总监，后转入人力资源工作

利尔·纳斯·X（LIL NAS X，本名 MONTERO LAMAR HILL），美国歌曲作家，其演唱的歌曲《老城之路》（*Old Town Road*）在美国公告牌百强单曲榜创下了连续 19 周的冠军纪录，这首歌通过 TikTok 发行，大受欢迎

刘峻，字节跳动早期投资人

刘新华，字节跳动前国际业务总裁，后成为快手首席增长官，目前是高榕资本的投资合伙人

柳甄，今日头条企业发展高级副总裁，优步中国前战略主管，联想创始人柳传志的侄女

阳陆育，Musical.ly 联合创始人

祝子楠，前 Musical.ly 副总裁，目前负责字节跳动的商业化战略

黄共宇，字节跳动天使投资人，加密货币基金 Paradigm 联合创始人，此前是红杉资本公司的合伙人

沈南鹏，红杉资本中国基金创始和执行合伙人，字节跳动投资人

尼基尔·甘地（NIKHIL GANDHI），TikTok 印度公司的负责人，直到该 App 被禁。曾为印度迪士尼公司副总裁

马化腾，腾讯公司的联合创始人兼 CEO

李彦宏，百度公司的联合创始人兼 CEO

罗兰·克卢捷（ROLAND CLOUTIER），曾受雇于美国空军和国防部的网络安全专家，在 2020 年加入字节跳动

周受资，尤里·米尔纳（Yuri Milner）的投资公司 DST 北京办公室前合伙人，在尤里对字节跳动的 B 轮投资中提供顾问服务

西蒙·科尔桑（SIMON CORSIN），Mindie 联合创始人兼首席技术官

斯坦尼斯拉斯·科潘（STANISLAS COPPIN），Mindie 联合创始人兼首席增长官

宿华，中国第二流行的短视频 App 快手的 CEO

龚挺，负责海纳亚洲私募股权基金和风险投资业务

瓦妮莎·帕帕斯（VANESSA PAPPAS），TikTok 在美国市场的第一任总经理，YouTube 前高管，于 2019 年 2 月加入

王晓蔚，抖音的第一个产品经理

王兴，连续互联网企业家，张一鸣的朋友，校内网、饭否网和美团网创始人

韦海军，猎豹移动投资部前总经理，领导猎豹移动对 Musical.ly 进行 A 轮投资

吴世春，酷讯网联合创始人兼 COO

项亮，视频网站 Hulu 的前员工，目前在字节跳动人工智能实验室担任研究员。他写的《推荐系统实践》被张一鸣知道后，后者曾想要一本电子版看看。项亮以书还没有出版为由拒绝了他

谢欣，负责企业效率的副总裁，以前和张一鸣一起在酷讯网工作

严授，字节跳动高级主管，负责战略、投资和游戏

杨震原，字节跳动关键高级技术人员，推荐算法业务副总裁，2014 年加入，之前在百度工作 9 年

尤里·米尔纳（YURI MILNER），俄罗斯投资者，企业家和慈善家，字节跳动早期投资者

扎克·金（ZACH KING），一个备受欢迎的视觉错觉视频创作者，目前在 TikTok 经营最受欢迎的账户之一

张汉平，张一鸣的父亲

张利东，北京字节跳动董事长，2013 年加入，《京华时报》前主编

张祎，抖音的第二个产品经理

张一鸣，字节跳动创始人

周秉俊，前 Musical.ly 运营副总裁

周鸿祎，互联网安全公司奇虎 360 联合创始人、董事长兼 CEO

周子敬，字节跳动天使投资人

朱文佳，2015 年从百度离职，加入字节跳动，负责运营抖音的推荐系统，后成为今日头条的 CEO

BYTEDANCE APPS

字节跳动旗下应用程序

字节跳动旗下的应用程序有很多！

以下列出的是最重要的应用程序，作为本书的参考资源。这个列表并不详尽。

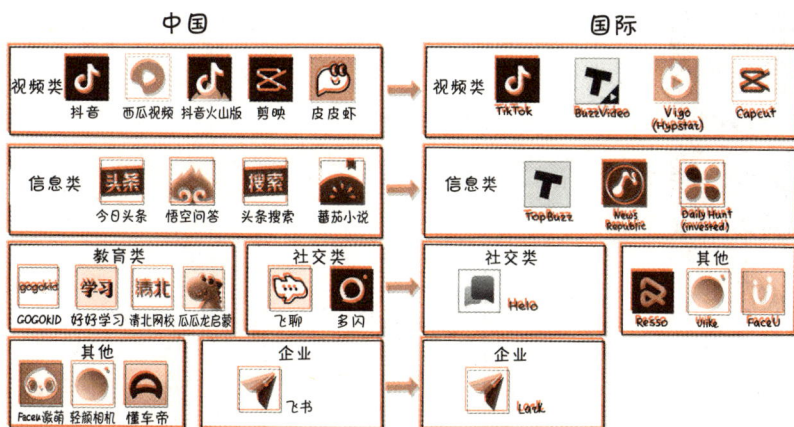

在中国运营的应用

注：极速版未列在内

Logo	徽标	描述	年份	网站
	今日头条	信息聚合	2012 年	toutiao.com
	抖音	短视频	2016 年	douyin.com

	西瓜视频	短视频	2017 年	ixigua.com
	抖音火山版	短视频	2016 年	huoshanzhibo.com
	剪映	视频编辑	2019 年	lv.ulikecam.com
	多闪	通信	2019 年	duoshan.com
	皮皮虾	表情包和笑话视频	2018 年	mp.pipix.com
	飞书	企业生产力	2019 年	feishu.cn
gogokid	Gogo kid	学前教育至高中教育	2018 年	gogokid.com.cn
	懂车帝	汽车	2017 年	dongchedi.com
	悟空问答	问答平台	2017 年	wukong.com

	Faceu 激萌	美颜自拍相机	2018 年	faceu.com
	飞聊	以兴趣为基础的社交	2019 年	feiliao.com
	头条搜索	搜索引擎	2019 年	toutiao.com/search
	清北网校	学前教育至高中教育	2019 年	qingbei.com
	轻颜相机	美颜自拍相机	2018 年	m.ulikecam.com
	番茄小说	阅读	2019 年	writer.muyewx.com
	瓜瓜龙启蒙	学前至高中语言教育	2019 年	ggl.com
	好好学习	教育	2018 年	未找到

国际运营的应用程序

Logo	徽标	描述	年份	备注
	TikTok	短视频	2017 年	tiktok.com
	CapCut	视频编辑	2020 年	faceueditor.com
	Lark	企业生产力	2019 年	larksuite.com
	DailyHunt	印度信息聚合	2016 年	dailyhunt.in
	Face U	美颜自拍相机	2018 年	faceu.com
	Resso	印度音乐直播	2020 年	resso.app
	Ulike	美颜自拍相机	2019 年	未发现
	BABE	当地信息聚合	2016 年	babe.co.id

停止使用的应用程序

Logo	名称	描述	年份	备注
	内涵段子	段子聚合	2012—2018 年	无
	Musical.ly	短视频	2014—2018 年	并入 TikTok
	Flipagram	短视频	2017—2020 年	并入 Virgo
	News Republic	信息聚合	2017—2020 年	news-republic.com
	Helo	印度市场	2018—2020 年	helo-app.com
	TopBuzz	信息聚合	2015—2020 年	topbuzz.com
	Vigo video (Hypstar)	短视频	2017—2020 年	vigovideo.net

WORKS CITED
参考文献

序言　利用守门人

群控进化史，黑产攻击效率提升带来的防守困境 2019-06-20
http://www.woshipm.com/it/2484849.html

通路云抖音群控系统 2019-09-04
https://www.youtube.com/watch?v=2sUt-9-2Pxo&feature=youtu.be&t=26

抖音推荐算法总结 2019-11-23
https://blog.csdn.net/sinat_26811377/article/details/103217551

抖音的算法是怎么样的？ 2018-05-03
https://www.zhihu.com/question/267467032

抖音快手直播刷量起底：25 元 100 人气，58 元 1 万粉丝 2020-06-01
https://weibo.com/ttarticle/p/show?id=2309404510937796182161

抖音算法滋生群控系统：百部手机人工刷 1 个账号收 700 2018-10-31
http://tech.sina.com.cn/csj/2018-10-31/doc-ifxeuwws9791587.shtml?

Why TikTok made its user so obsessive? The AI Algorithm that got you
hooked. 2020-06-07
https://towardsdatascience.com/why-tiktok-made-its-user-so-
obsessive-the-ai-algorithm-that-gotyou-hooked-7895bb1ab423

Live-streaming Scams & Struggles in China 2020-05-27
https://www.parklu.com/china-live-streaming-scams/

第一章 张一鸣

Time Magazine - Top 100 most influential people 2019

https://time.com/collection/100-most-influential-people-2019/5567716/

zhang-yiming/

六一回忆：小时候我看什么 2014-05-30

https://kknews.cc/tech/oplx28o.html

普通码农干出 700 亿的行业新霸 他是谁？ 2017-08-23

http://money.jrj.com.cn/2017/08/23072022984178.shtml

九九房获 2011 最具成长性企业称号 2011-12-13

http://roll.sohu.com/20111213/n328842419.shtml

对话 头条背后的男人 2016-11-27

https://www.youtube.com/watch?v=_PufBTmWbc8

抖音、今日头条首席算法架构师曹欢欢

https://www.ixigua.com/pseries/6791712451873210894_6740486203

524530695/?

移动互联网十年 2018-09-26

https://www.lieyunwang.com/archives/447662

张一鸣的"上帝视角" 2015-06-15

https://www.pingwest.com/a/51495

海纳亚洲王琼自述：为何投资今日头条？ 2016-04-05

https://www.huxiu.com/article/144262.html

孔夫村官方网站

http://cunwu.cuncun8.com/index.php?ctl=village&geoCode=76597251

南开校友、今日头条创始人张一鸣在 2016 级新生开学典礼上的讲话 2016-09-19

http://cs.nankai.edu.cn/info/1039/2356.htm

张一鸣的用人观 2019-05-29
https://new.qq.com/omn/20190529/20190529A0QZQV.html

张一鸣南开大学北京校友会演讲，非常棒 2019-10-24
https://www.sohu.com/na/349348869_766689?

张一鸣对话钱颖一：要有耐心持续在一个领域深入才会取得成绩 2018-03-23
https://www.tmtpost.com/3145145.html

抖音设局 2018-08-02
https://tech.sina.com.cn/i/2018-08-02/doc-ihhehtqf3594606.shtml

张一鸣：每个逆袭的年轻人，都具备的底层能力 2019-12-26
https://new.qq.com/omn/20191226/20191226A0AB5D00.html

从今日头条到抖音，张一鸣和字节跳动的流量帝国 2019-04-29
http://goodyomo.com/archives/155

2013 年中国 "30 位 30 岁以下创业者" 张一鸣校友 2014-03-26
http://www.fjydyz.net/plus/view.php?aid=5329

How did TikTok's Zhang Yiming become one of China's richest men?
2019-08-18
https://www.scmp.com/magazines/style/news-trends/article/3023093/
how-did-tiktoks-zhang-yiming-become-one-chinasrichest

张一鸣：在微软工作很无聊！怪不得来帮中国程序员声援 996！
https://www.ixigua.com/6805466361402229262?id=6805110223536128515

Scores killed in China protests 2009-07-06
http://news.bbc.co.uk/2/hi/asia-pacific/8135203.stm

China's smartphones risk patent disputes 2012-04-14
http://usa.chinadaily.com.cn/business/2012-04/14/content_15047719.htm

九九房 百度百科
https://baike.baidu.com/item/%E4%B9%9D%E4%B9%9D%E6%88%BF

TikTok's Founder Wonders What Hit Him 2020-08-29
https://www.wsj.com/articles/entrepreneur-who-built-tiktokwonders-
what-hit-him-11598540993

How to work with people who are 10 years younger than you 2019-02-16
https://medium.com/@ming_ma/how-to-work-with-peoplewho-are-
10-years-younger-than-you-71cd378b30e

第二章　字节跳动创业之初

沸腾新十年 | 少年今日头条的奇幻漂流 – 左林右狸 2019-07-18
https://new.qq.com/omn/20190718/20190718A07TPH00.html?

张一鸣也无法定义 SIG 和王琼 2019-12-28
https://www.cmtzz.cn/news/29846

中国程序员英雄传（五）：张一鸣：码农 CEO 和他的今日头条 2016-03-03
https://www.21cto.com/article/11

张一鸣的实证理性 乱翻书 2018-12-14
https://mp.weixin.qq.com/s?__biz=MjM5MDczODM3Mw==&mid=26
53028363&idx=1&sn=0209c00b-2306d451e97ef4a745419e65&sce
ne=21

Prismatic Gets $15M From Jim Breyer And Yuri Milner To Attack The
Impossible Problem Of Bringing You Relevant News 2012-12-05
https://techcrunch.com/2012/12/05/prismatic/

Prismatic (app) Wikipedia page
https://en.wikipedia.org/wiki/Prismatic_(app)

当两位投资大佬因为错过今日头条而惋惜时，周鸿祎：谁能有我难受
https://www.ixigua.com/i6797655980998918668/?

投了中国半个互联网的投资大佬沈南鹏后悔没有投今日头条第一轮！ 2018-
12-29
https://www.ixigua.com/i6640043697771659783/?

今日头条融资故事：得到的和错过的 2018-10-24
https://www.huxiu.com/article/268415.html

SIG Asia Official Website
http://www.sig-china.com/

快公司之三："技术控"今日头条的媒体式烦恼 2015-09-04
https://finance.qq.com/cross/20150901/78V57DPP.html

对话今日头条创始人：1 亿美元融资背后的故事 2014-06-05
http://tech.sina.com.cn/i/2014-06-05/04399418360.shtml

"酷讯系"的新产品
http://magazine.cyzone.cn/article/199140.html

【张一鸣专栏】南开时光三件事：耐心，知识，伙伴 2015-11-17
https://www.pingwest.com/a/61954

酷讯创业帮 2016-09-03
http://www.startup-partner.com/3654.html

Steve Jobs: Technology & Liberal Arts 2011-10-06
https://www.youtube.com/watch?v=KlI1MR-qNt8

盈都大厦官方网站
http://yingdudasha.cn/

Zhen Fund Official Website
http://en.zhenfund.com/About

90% of Y Combinator Startups Have Already Accepted The $150k Start Fund Offer 2011-01-30
https://techcrunch.com/2011/01/29/90-of-y-combinator-start-ups-have-already-accepted-the-150k-start-fund-offer/

What is it like to get funded by Y Combinator?
https://www.quora.com/What-is-it-like-to-get-funded-by-Y-Combinator

张一鸣年会演讲显露今日头条锋芒：2016 要决战"国内第一"！凭什么？
2016-03-12
https://m.huxiu.com/article/141687.html

从 5 亿美金到 750 亿，今日头条如何在 BAT 围剿中建成"流量帝国"？
2019-07-20
https://dy.163.com/article/EKI5CPM50511D84J.html;

Tencent, Xiaomi Invested in TikTok's Parent, ByteDance 2020-08-20
https://www.theinformation.com/articles/tencent-xiaomi-invested-in-tiktoks-parent-bytedance

第三章　YouTube 和 TikTok 的"推荐"页面

算法狂飙张一鸣且行且珍惜 2018-07-05
https://finance.sina.cn/2018-07-05/detail-ihexfcvi8061268.d.html?vt=4

Hidden Forces Behind Toutiao: China's Content King – YC Blog
2017-10-12
https://blog.ycombinator.com/the-hidden-forces-behind-toutiao-chinas-content-king/

雷军：马云没我勤奋，不像马云每天云游四方
https://www.bilibili.com/video/av49873394/

张一鸣 2013 年在钛媒体的演讲实录：今日头条为什么火，技术真能帮媒体变现？ 2013-12-19
https://www.tmtpost.com/84589.html

The YouTube video recommendation system 2010-09
https://dl.acm.org/doi/10.1145/1864708.1864770

How YouTube perfected the feed 2017-08-30
https://www.theverge.com/2017/8/30/16222850/youtube-google-brain-algorithm-video-recommendation-personalized-feed

YouTube's head engineer reveals his 'wildest dreams'for the site 2015-07-06
https://www.businessinsider.com.au/youtube-engineer-christos-goodrow-on-recommendation-engine-2015-7

YouTube's effort to get people to watch longer 2011-07-28
https://www.sfgate.com/business/article/YouTube-s-effort-to-get-people-to-watch-longer-2352967.php

Inside Sibyl, Google's Massively Parallel Machine Learning Platform 2014-07-17
https://www.datanami.com/2014/07/17/inside-sibyl-googles-massively-parallel-machine-learning-platform/

YouTube uses Amazon's recommendation algorithm 2011-02-01
https://glinden.blogspot.com/2011/02/youtube-uses-amazons-recommendation.html

DSN 2014 Keynote: "Sibyl: A System for Large Scale Machine Learning at Google" 2014-06-27
https://www.youtube.com/watch?v=3SaZ5UAQrQM&feature=youtu.

be&t=503

Facebook to change News Feed to a 'personalized newspaper' 2013-03-07

https://www.washingtonpost.com/business/technology/facebook-to-change-news-feed-to-a-personalized-newspaper/2013/03/07/b294f61e-8751-11e2-98a3-b3db6b9ac586_story.html

Why Google Reader Really Got the Axe 2013-06-06
https://www.wired.com/2013/06/why-google-reader-got-the-ax/

为佩奇关闭 Google Reader 的魄力叫好！ 2013-03-14
https://tech.qq.com/a/20130314/000123.htm

The End of Google Reader Sends the Internet into an Uproar 2013-03-14
https://bits.blogs.nytimes.com/2013/03/14/the-end-of-google-reader-sends-internet-into-an-uproar/?

Amazon.com Recommendations Item-to-Item Collaborative Filtering 2003-02
http://www.cs.umd.edu/~samir/498/Amazon-Recommendations.pdf

第四章　在中国，是信息在阅读你

字节跳动的二号人物 - 唐亚华 2020-03-14
https://finance.sina.com.cn/chanjing/gsnews/2020-03-14/doc-iimxyqwa0378441.shtml

今日头条公布算法原理 称并非一切交给机器 2018-01-12
https://www.leiphone.com/news/201801/cEc03ORUAeiwytnC.html

【PPT 详解】曹欢欢：今日头条算法原理 2018-03-06
https://cloud.tencent.com/developer/article/1052655

头条增长故事：如何一夜间拥有千万用户 2019-04-24
https://mp.weixin.qq.com/s?__biz=MjM5MDczODM-3Mw==&mid=26
53028841&idx=1&sn=83fa66c2f9c-3b4aa9130e024ec2173fa&

沸腾新十年 | 国民 APP 预装简史——头条百度们的暗战江湖 2019-08-30
https://www.sohu.com/a/337627735_117091

Fighting for air: frontline of war on global warming 2007-03-26
https://www.theguardian.com/environment/2007/mar/26/
globalwarming.china

手机上的预装软件是怎么来的？
https://product.pconline.com.cn/itbk/bkxt/1507/6670604.html

由 U8 无线路由器 - 预装手机 app 设备 -8 端口快速库刷工具由地推盒子多
端口 APP 安装安卓 APK 刷机批量安装库刷机器 2019-04-16
http://www.wujimy.com/09/04/16/28503.html

张利东：理性市场分析背后非理性消费值得注意 2008-04-19
http://auto.sina.com.cn/news/2008-04-19/1529367261.shtml

Why would a news app potentially be worth as much as $22B? 2017-
08-18
https://mp.weixin.qq.com/s?__biz=MzI4NzQ1NzM1Ng==&mid=2247
484352&idx=1&sn=c347bae1cdb3c417028ed595bb1b48a2&

年会怎么开？京东上演内衣秀，今日头条小清新 2015-02-03
https://www.leiphone.com/news/201502/rwfBdJFFBcjKWdoq.html

去年，他的发型还很随意，有时候可能因为睡觉姿势不好还支棱着几根
2015-10-16
http://zqb.cyol.com/html/2015-10/16/nw.D110000zgqnb_20151016_1-08.
htm

Chamath Palihapitiya – how we put Facebook on the path to 1 billion users 2013-01-09
https://www.youtube.com/watch?v=raIUQP71SBU&feature=youtu.be&t=1265

京华时报 – 维基百科
https://zh.wikipedia.org/wiki/%E4%BA%AC%E5%8D%8E%E6%97%B6%E6%8A%A5

2015 WIC Overview
http://www.wuzhenwic.org/n_6821.htm

hihoCoder 挑战赛 15
https://hihocoder.com/contest/challenge15

第五章　从巴黎到上海——Musical.ly

Mindie Music Video Maker: The Social Hour 180 2014-09-18
https://www.youtube.com/watch?v=9CdMvYFpEaU

Mindie Is An Immersive Music And Video Jukebox App Done Right 2013-10-18
https://techcrunch.com/2013/10/17/mindie-is-an-immersive-music-and-video-jukebox-app-done-right/

小鹏汽车、Clobotics、Musical.ly 创始人在斯坦福讲了哪些干货？ 2018-01-24
https://it.sohu.com/20180124/n529099946.shtml

为什么一个中国团队做的短视频 APP 登上了全美 iOS 总榜第一？【上海·Talk】2015-12-21
https://36kr.com/p/5041108

音乐地：美好的时刻，值得拍段 MV 2014-10-13
http://tech.163.com/14/1013/18/A8F4QN5U00094ODU.html

Musical.ly 抢滩登陆美利坚 2017-01-04
http://xiamag.com/41260.html

短视频还有哪些玩法？想做入门级"卡片机"的 Musically 用音乐来降低
music video 的创作门槛 2014-11-18
http://tech.163.com/14/1118/19/ABBTTNOK00094ODU.html

How a failed education startup turned into Musical.ly, the most popular
app you've probably never heard of 2016-05-28
https://www.businessinsider.com/what-is-musically-2016-5

Can Pop Music Connect Teens In China With The World? Musical.Ly
Co-Founder Louis Yang Wants To Find Out 2017-09-13
https://supchina.com/2017/09/13/can-pop-music-connect-teens-
china-world-musical-ly-co-founder-louis-yang-wants-find/

Who's Too Young for an App? Musical.ly Tests the Limits 2016-09-19
https://cn.nytimes.com/technology/20160919/a-social-network-
frequented-by-children-tests-the-limits-of-online-regulation/en-us/

The Origin and Future Of America's Hottest New App: Musical.ly
2016-06-10
https://www.forbes.com/sites/mnewlands/2016/06/10/the-origin-and-
future-of-americas-hottest-new-app-musically/#a5eaaeb5b078

Musical.ly gets into original content with new shows from Viacom,
NBCU & Hearst 2017-06-15
https://techcrunch.com/2017/02/13/musical-ly-drops-its-fourth-
app-a-video-messenger-called-ping-pong/

2017 腾讯媒体 + 峰会 第五部分 阳陆育
https://v.qq.com/x/page/z002582m7e0.html

Tech Chat with Alex Zhu – Silicon Dragon, Shanghai 2016-09
https://www.youtube.com/watch?v=E3aOxgyMUqk

Gregoire Henrion, Co-Founder, Mindie – LeWeb'13 Paris – The Next 10 Years – Plenary1 Day 3 2013-12-12
https://www.youtube.com/watch?v=ibjbxRBMI30&feature=youtu.be&t=175

Mindie is like Vine with a pop music soundtrack 2013-10-17
https://thenextweb.com/apps/2013/10/17/mindie-like-vine-pop-music-soundtrack/

eBaoTech Official Website
https://www.ebaotech.com/

CRCM Ventures Official Website
https://crcmventures.com/crcm/

Ice Bucket Challenge
https://en.wikipedia.org/wiki/Ice_Bucket_Challenge

Harlem Shake (meme)
https://en.wikipedia.org/wiki/Harlem_Shake_(meme)

2016 首次世界网红大会深度探讨干货全在这里了！ 2016-09-20
https://kknews.cc/media/vg4may.html

Musical.ly's Alex Zhu on Igniting Viral Growth and Building a User Community 2016-11-10
https://www.youtube.com/watch?v=wTyg2E44pBA&feature=youtu.be&t=111

iCamp Official Website
http://www.icamp.ai/portfolio

HOW TO USE DUBSMASH?!!! 2015-04-06
https://www.youtube.com/watch?v=xDDHkz18c-k&feature=youtu.
be&t=85

Baby Ariel Wikipedia page
https://en.wikipedia.org/wiki/Baby_Ariel

Numa Numa
https://www.youtube.com/watch?v=KmtzQCSh6xk

The Harlem Shake [BEST ONES!]
https://www.youtube.com/watch?v=8f7wj_RcqYk

Lip-Sync Battle Official Website
https://www.paramountnetwork.com/shows/lip-sync-battle

手握 2.3 亿海外用户登顶美国第一，中国唯一国际化成功社交内容公司回
国，它将如何对决快手秒拍今日头条？ 2016-04-29
https://www.youxituoluo.com/120223.html

Baby Ariel Reveals How Her Musical.ly Name Was Invented 2017-08-03
http://www.justjared.com/2017/08/03/baby-ariel-reveals-how-her-
musical-ly-name-was-invented/

BabyAriel's First Musical.ly Post | Baby Ariel
https://www.youtube.com/watch?v=LNwqJNi80Rc

第六章　Awesome.me

张楠产品逻辑：日播十亿 抖音的产品思考 混沌大学 2018
https://www.youtube.com/watch?v=kUtjJ4tChUI

龙岩籍互联网新锐张一鸣：当之无愧的"头条哥"2015-09-25
http://ly.fjsen.com/2015-09/25/content_16680876_all.htm

上线仅 500 天的抖音，居然 PK 掉了快手和美拍，这个团队做了什么 2018-02-11
http://k.sina.com.cn/article_5617169084_14ecf32bc019003d5f.html

抖音是怎么做出来的？ | 创业故事 2019-01-18
https://mp.weixin.qq.com/s/dr9Jncw_FwrS8hX8wEIDPQ

今日头条要拿 10 亿元补贴短视频制作者，内容业从图文转入视频时代？
2016-09-20
https://36kr.com/p/5053185

重磅今日头条扶持短视频，教你如何拿下这 10 亿补贴 2017-06-30
https://www.sohu.com/a/153411388_580569

领跑者张一鸣：我当然想做龙头 2015-10-16
http://zqb.cyol.com/html/2015-10/16/nw.D110000zgqnb_20151016_1-08.htm

抖音转型——从"让崇拜从这里开始"到"记录美好生活"2018-05-15
https://new.qq.com/omn/20180515/20180515A1H2ZP.html

抖音 AARRR 流量漏斗模型分析 2018-07-20
http://www.scceo.com/blog/aarrr

整天 ci 哩 ci 哩，你知道被冠上快手、抖音神曲的，到底都是什么歌？ 2017-12-05
https://www.pingwest.com/a/145637

My Conversation with Zhang Yiming, Founder of Toutiao 2017-10-23
https://hans.vc/toutiao/

抖音盛宴：收割一个新流量帝国 | 深氪 2018-05-28
https://36kr.com/p/5136013

The best memes are nonsense and I love 'karma is a bitch' 2018-01-26
https://www.theverge.com/tldr/2018/1/26/16937712/karma-is-a-
bitch-riverdale-kreayshawn-meme

抖音离爆红，可能只差一段"奇葩"视频 2017-05-05
https://www.pingwest.com/a/114624

腾讯微视：向前一步是悲壮，向后一步是绝望 2019-07-31
https://mp.weixin.qq.com/s?__biz=MzU3Mjk1OTQ0Ng==&mid=2247
484205&idx=1&sn=285b60e7bb8ac7732dd771fa73438215&

朋友圈重磅更新！腾讯全民扶阿斗，连微信都给微视开新入口 2018-09-15
https://www.ifanr.com/minapp/1101125

微视 vs 抖音，为何腾讯未能实现后发先至 2019-10-07
https://mp.weixin.qq.com/s/kc-10P4vIJX01oj5ptsjJQ

第七章 凭借 TikTok 走向全球

从 Vine 到 Musical.ly，它们曾大放光彩，却又迅速消失 2018-10-05
http://kuaibao.qq.com/s/20181005A1LWCX00?refer=spider

手握 2.3 亿海外用户登顶美国第一，中国唯一国际化成功社交内容公司回
国，它将如何对决快手秒拍今日头条？ – 新经济 100 人 2017-07-14
https://zhuanlan.zhihu.com/p/27878425

文化"走出去"的方式有很多 短视频应用出海成小潮流 2017-12-05
https://new.qq.com/omn/20171205/20171205A0XBIO.html

Before Mark Zuckerberg Tried To Kill TikTok, He Wanted To Own It -
BuzzFeed, Ryan Mac 2019-11-12
https://www.buzzfeednews.com/article/ryanmac/zuckerberg-musically-
tiktok-china-facebook

止步 10 亿美金，Musical.ly 这一年来错过了什么？| 热点快评 2017-11-11
https://www.sohu.com/a/203644165_109401

歪果仁也疯狂：海外版抖音 TikTok 的出海之路 2018-01-24
https://zhuanlan.zhihu.com/p/33261942

【深度】抖音出海：TikTok 如何在半年内成为日本的现象级产品？2018-06-20
https://www.jiemian.com/article/2241255.html

抖音的海外战事 2018-06-16
https://36kr.com/p/1722597179393

没有补贴，没有商业化，抖音到底在海外做对了什么 2018-06-13
https://www.sohu.com/a/235450902_403354

"泰国版周杰伦和杨幂"，是怎么在抖音海外版上火起来的？2018-07-11
https://www.tmtpost.com/3324980.html

Musical.ly Sells For $800 Million But Peaked By Being Too Silicon Valley
2017-10-10
https://musicindustryblog.wordpress.com/2017/11/10/musically-
sells-for-800-million-but-peaked-by-being-too-silicon-valley/

BIGO：全球化夹缝中的生存冠军 2020-04-02
https://www.toutiao.com/i6811091360066568716/

ByteDance-Musical.ly Merger Ushers in New Age for Content
Companies 2017-12-16
https://hans.vc/bytedance-musical-ly-merger/

996 Podcast, Episode 4: Liu Zhen on ByteDance's Global Vision and
Why Toutiao Is Unique 2018-08-19
https://youtu.be/YsPeT2oHQLY?t=2099

Vine and Musical.ly transformed the music industry – then they

disappeared. Will history repeat itself? 2018-09-05
https://www.musicbusinessworldwide.com/vine-and-musical-ly-transformed-the-music-industry-then-they-disappeared-will-history-repeat-itself/

Musical.ly has lots of users, not much ad traction 2017-09-05
https://digiday.com/marketing/musical-ly-starts-selling-ads/

Decoding the Global Rise of TikTok 2020-02-23
https://www.linkedin.com/pulse/decoding-global-rise-tiktok-ruonan-deng/

对话 Musical.ly 投资人：曾有人出价 15 亿美金，但头条变现体系强 2017-11-19
http://tech.sina.com.cn/roll/2017-11-19/doc-ifynwnty4928120.shtml

Visiting Musical.ly HQ in Shanghai | Shanghai Vlog 2017-10-17
https://youtu.be/F9EPQD9Zikg?t=352

第八章　太尴尬了!!!

Evan Spiegel interview at DLD Conference Munich 20 2020-01-20
https://youtu.be/rW8mDQYrOnw?t=1877

Read the fall Transcript of Mark Zuckerberg's leaked internal Facebook meetings 2019-10-01
https://www.theverge.com/2019/10/1/20892354/mark-zuckerberg-full-transcript-leaked-facebook-meetings

TikTok's Growing Pains In The West: Attack of the Memes 2018-10-16
https://medium.com/@NateyBakes/tiktoks-growing-pains-in-the-west-attack-of-the-memes-b96e26593649

TikTok is cringy and that's fine 2018-10-25
https://www.theatlantic.com/technology/archive/2018/10/what-tiktok-is-cringey-and-thats-fine/573871/

This Is What TikTok Users Think About The Internet Hating Them 2018-10-09
https://www.buzzfeednews.com/article/krishrach/tiktok-twitter-thread-weird

TikTok surges past 6M downloads in the US as celebrities join the app 2018-11-15
https://www.theverge.com/2018/11/15/18095446/tiktok-jimmy-fallon-tony-hawk-downloads-revenue

The NFL joins TikTok in multi-year partnership 2019-09-03
https://techcrunch.com/2019/09/03/the-nfl-joins-tiktok-in-multi-year-partnership/

I can't believe this happened at a TikTok meetup 2020-01-08
https://www.youtube.com/watch?v=Mn7WR4MjZW4

HypeHouse and the TikTok Los Angeles Gold Rush 2020-01-03
https://www.nytimes.com/2020/01/03/style/hype-house-los-angeles-tik-tok.html

How TikTok Made "Old Town Road" Become Both A Meme And A Banger 2019-04-08
https://www.buzzfeednews.com/article/laurenstrapagiel/tiktok-lil-nas-x-old-town-road

How Lil Nas X Took 'Old Town Road' From TikTok Meme to No. 1 2019-05-09 https://www.youtube.com/watch?v=ptKqFafZgCk

"As a Chinese Company, We Never Get the Benefit of the Doubt"
Interview with TikTok Head Alex Zhu 2020-01-22
https://www.spiegel.de/international/business/as-a-chinese-company-
we-never-get-the-benefit-of-the-doubt-a-e1e415f6-8f87-41e9-
91ae-08cfa90583b3

The biggest new tenant in New York City is... TikTok 2020-05-28
https://therealdeal.com/2020/05/28/the-biggest-new-tenant-in-
new-york-city-is-tiktok/

Status as a Service (StaaS) 2019-02-26
https://www.eugenewei.com/blog/2019/2/19/status-as-a-service?

TikTok has moved into Facebook's backyard and is starting to poach its
employees 2019-10-14
https://www.cnbc.com/2019/10/14/tiktok-has-mountain-view-
office-near-facebook-poaching-employees.html

The Clock is Ticking on TikTok (Interview with Blake Chandlee) 2019-
10-23
https://www.youtube.com/watch?v=MwMdTBvpZQw

The Network Matrix: Bridges & Identity 2020-03-09
https://medium.com/6cv-perspective/the-network-matrix-bridges-
identity-2fa9686eb978

Pitch deck: TikTok says its 27m users open the app 8 times a day in
the US 2019-02-26
https://digiday.com/marketing/pitch-deck-how-tiktok-is-courting-u-
s-ad-agencies/

TikTok has moved into Facebook's backyard and is starting to poach its employees 2019-10-14
https://www.cnbc.com/2019/10/14/tiktok-has-mountain-view-office-near-facebook-poaching-employees.html

TikTok Gains 30+ Million Users in 3 Months 2018-10-31
https://blog.apptopia.com/tiktok-gains-30-million-users-in-3-months

[PewDiePie] TIK TOK Try not to Cringe funny compilation #1 (Reupload) 2018-10-01
https://www.youtube.com/watch?v=Qf5ek_o1JOw

Davidkasprak, over 200 Haribos singing #haribochallenge 2018-12-29
https://www.tiktok.com/@davidkasprak/video/6640342878226763014

TikTok users surprised to find themselves in ads for the app 2019-10-07
https://adage.com/article/digital/tiktok-users-are-surprised-find-themselves-ads-app/2204996

Facebook defies China headwinds with new ad sales push 2020-01-07
https://www.reuters.com/article/us-facebook-china-focus/facebook-defies-china-headwinds-with-new-ad-sales-push-idUSKBN1Z616Q

TikTok Stars Are Preparing to Take Over the Internet 2019-07-12
https://www.theatlantic.com/technology/archive/2019/07/tiktok-stars-are-preparing-take-over-internet/593878/

TikTok's Underappreciated Wins (from a former Yik Yak employee) 2020-02-26
https://www.zackhargett.com/tiktok/

为什么百度在日本失败了，十年后抖音却成功了 2019-12-25
https://www.huxiu.com/article/332665.html

Why Are So Many Gen Z Kids Becoming Furries? 2019-12-12
https://www.rollingstone.com/culture/culture-features/furry-fandom-tiktok-gen-z-midwest-furfest-924789/

'Old Town Road' proves TikTok can launch a hit song 2019-04-05
https://www.theverge.com/2019/4/5/18296815/lil-nas-x-old-town-road-tiktok-artists-spotify-soundcloud-streams-revenue

How TikTok Made "Old Town Road" Become Both A Meme And A
Banger 2019-04-08
https://www.buzzfeednews.com/article/laurenstrapagiel/tiktok-lil-nas-x-old-town-road

Teens Love TikTok. Silicon Valley Is Trying to Stage an Intervention
2019-11-03
https://www.nytimes.com/2019/11/03/technology/tiktok-facebook-youtube.html

TikTok Hires Veteran YouTube Exec to Grow App in the U.S. 2019-02-08
https://medium.com/cheddar/tiktok-doubles-down-on-u-s-with-hire-of-veteran-youtube-exec-91d5bd9353d9

TikTok's Chief Is on a Mission to Prove It's Not a Menace 2019-11-18
https://www.nytimes.com/2019/11/18/technology/tiktok-alex-zhu-interview.html

China's ByteDance scrubs Musical.ly brand in favor of TikTok 2018-08-02
https://www.reuters.com/article/us-bytedance-musically/chinas-

bytedance-scrubs-musical-ly-brand-in-favor-of-tiktok-idUSKBN1KN0BW

TikTok-Trump-Complaint.pdf 2020-08-24
https://assets.documentcloud.org/documents/7043165/TikTok-Trump-Complaint.pdf

字节跳动 8 周年：张一鸣公布组织升级，未来将关注三大重点
Zhang Yiming Letter to staff 2020-03-12
https://www.toutiao.com/i6803294487876469251/?

尾声

TikTok's Founder Wonders What Hit Him 2020-08-29
https://www.wsj.com/articles/entrepreneur-who-built-tiktok-wonders-what-hit-him-11598540993

India bans TikTok, dozens of other Chinese apps, 2020-06-29
https://techcrunch.com/2020/06/29/india-bans-tiktok-dozens-of-other-chinese-apps/

DISCLAIMER

免责声明

本人与字节跳动或其任何关联公司没有任何联系或业务关系。事实上，本书并没有得到任何组织的赞助或支持。对于创作这本书，我也没有任何政治立场，也并未使其中包含任何政治议程。

本书包含的观点、解释和理论框架仅代表我个人的观点，除非有其他明确的解释。

截至本书撰写之时，字节跳动公司都是一家私人控股公司，没有义务发布经审计的财务信息或用户数量。如果该公司以后公布了相关文件资料，这本书中的数据可能会与之不同。

这本书基于广泛的研究，其中大部分是用汉语进行的。资料来源数以百计，包括：

· 与字节跳动前任和现任员工的对话。

· 媒体文章，其中最重要的均列在本书"参考文献"部分。

· 发布会和深度访谈的视频片段。

· 分析报告和学术论文。

· 相关社交媒体账号。

· 字节跳动产品套件的广泛个人使用，包括中文版和国际版。

· 多年来在包括竞争对手腾讯的中国市场上获得的有关中国移动互联网行业的基础知识。

有关本书参照的中国互联网的内容，可能存在链接失效问题。若是内容被移动或删除，本书中所提供的链接就无效了。我尽了最大的努力去核实和反复核对，对于不同信息源的冲突，我宁愿过于谨慎，也不愿意犯错。

关于人名的使用

三张王牌

张一鸣
字节跳动创始人

张利东
北京字节跳动董事长

张楠
北京字节跳动 CEO

字节跳动三位最重要的高管都姓张。为免造成混淆，我在书中尽可能使用名字，尽管有时这样会显得过于随便或不正式，对此我深表歉意。不管怎样，直呼名字是符合字节跳动的企业文化的。创始人张一鸣曾在全公司范围

内发过一封电子邮件，禁止在称呼他人时使用职务头衔，并坚持员工只叫他
"一鸣"。

汇率

　　货币价值或用美元表示，或用人民币表示。除非另有说明，这两种货币
之间的汇率设定为 1 元人民币 =0.14 美元。

THANK

感 谢

2020 年对我们所有人来说都是艰难的一年。并且，出于种种错误的原因，那将是一段难以忘怀的时光。首先，我要感谢家人给予我的爱和支持，是他们让我在研究和写作的过程中保持清醒。

我要感谢丽塔·廖在这段漫长的历程中为我提供很好的建议，做我的向导。要是一位编辑愿意挑战假设、提出积极的疑问，那其价值就不容低估。当我只见树木不见森林的时候，她努力使我不迷失方向，对此，我非常感谢她。她对这本书贡献良多，让我获益匪浅，没有她，就不会有现在这本书。

非常感谢读过本书早期手稿的人。特别感谢埃德·桑德对细节的敏锐观察力和睿智的疑问，这一切可谓无价。

我还要感谢约翰·阿尔特曼、帕斯卡尔·科庞、伊莱贾·惠利、费比安·伯恩、伯纳德·梁、杰弗里·塔伍森和基特·哈福德在本书创作过程的不同阶段所给予的启发、建议和支持。

多年来，我一直专注于研究中国的互联网，从其他人的思想和文章中获益良多。我要感谢一些人，他们用作品丰富了我的思想，包括潘乱、阿禅、Tracey Xiang、Rio Nook、黄海、Sheji Ho、司马乔丹和丹·格罗弗。

最后，我要向那些做出了很大贡献但要求匿名的人表示谢意。你们知道自己是谁，谢谢你们。

ABOUT THE
AUTHOR
关于作者

马修·布伦南是作家、国际知名演说家，也是中国移动互联网技术与创新专家。彭博社、《华尔街日报》《经济学人》、英国广播公司、《金融时报》和《福布斯》等全球媒体都登载过他的文章。多年来，他的公司 China Channel 为国际品牌在中国举办了规模最大的微信数字营销年会。

马修曾为许多知名公司做过数十次演讲，包括谷歌、腾讯、沃尔玛、维萨、领英、波士顿咨询集团等。马修来自英国伦敦，在中国大陆生活了 16 年，能说一口流利的普通话。

欲了解更多有关马修和他演讲生涯的信息，请访问：http://matthew brennan.info/